U0595846

我们基于"组织绩效如何直达员工绩效、与员工的日常行为紧密关联"这一思考，提出一个新的模型应用并将其命名为 GOT（Goal Objectives Task，即目标 – 目的 – 策略）模型。GOT 模型将 OKR（Objectives and Key Results）和持续反馈的概念相结合，通过数字化应用，实现战略解码到目标管理和组织绩效，并将其转化为员工日常行为的引导，实现无缝协作、敏捷高效和可控的组织绩效管理模式的升级。该模型打破了原来仅关注组织绩效设定而忽略或无法有效管理团队绩效与员工日常行为的被动局面，实现了组织绩效设定、团队目标关联和员工行为牵引的无缝衔接，实现了目标级联、绩效管理、沟通反馈和跨组织协同等的纵向贯通，最终实现企业上下同欲而非上下博弈。

因此，组织发展的价值，是通过管理机制的创新，推动和支持企业目标的实现。突出体现在组织的业务目标与人才的深度融合与有机结合，借助数据智能，自动匹配和精准识别人员能力标签与企业业务需求，实现企业业务属性和人员属性的有机融合，即实现"业人融合"。

企业的发展靠人才和领导力，企业文化已经成为数字时代组织能力的核心要素之一，文化牵引组织发展已经是共识。观察全球领先企业的实践，可以发现，宗旨驱动型企业能够有效地拉齐员工发展与组织目标，确保员工的工作与更宏观的目标和战略之间有一个"可视线"，这是非常有价值的。这可以为企业带来更好的决策，也会推动员工个人的发展。了解组织总体目标的员工能更好地将他们自身的发展与企业所需的结果结合起来，即员工生产力创造员工敬业度。因此，以数字领导力提升与宗旨文化建设为指引，实现愿景吸引人才，人才引领组织，驱动组织发展与人才发展的有机融合和互相牵引，是企业取得成功的路径之一。

员工体验不是狭义的用户体验，还包括目标感、归属感，进而推动忠诚度、敬业度等的建设与提升。不少公司引入人工智能提升员工体验；

改进流程提升作业效率；管理提升，强化目标感，提升员工的归属感，其实都是服务产品化的体现。无论内部人才还是外部候选人都期待自动化、数字化、以用户为中心的体验，而这些公司显然更明白这一点。他们重视那些可以加强与员工关系并留住人才的时机，并利用数据和分析来个性化员工的职场旅程，从而提高其敬业度。调查显示，数字化成熟和领军的企业借助数字化提升员工体验，提高了员工满意度，并将留任率提高了30%~40%。

在《势不可当：长寿企业的七大生存秘诀》中，我们欣喜地看到，作者从组织目标、团队共识、个人发展、企业文化、员工体验，以及管理者的角色转变等不同的视角，用简洁、直观、通俗的语言做了深刻的解读，帮助各级管理者、人力资源管理者从原有的以企业为中心资源型的管控思维，向以人才为中心的结构化组织效能提升转变。向关注个体发展与组织发展并举的、以企业文化引领企业的组织发展，是数字化和智能化应用的最核心的价值阐述。希望本书的出版，能够帮助更多的管理者，尤其是人力资源管理者从组织能力建设和人才发展视角思考人力资源管理的价值本源，帮助企业重塑不确定性商业环境下的组织能力，支撑企业的基业长青和持续创新发展。

———— 张月强　用友网络科技股份有限公司副总裁

IRRESISTIBLE

The Seven Secrets
of the World's Most Enduring,
Employee-Focused Organizations

 中国科学技术出版社
CHINA SCIENCE AND TECHNOLOGY PRESS

 中科书院
CSP BOOKS

势不可当

长寿企业的 七大生存秘诀

乔什·贝新
（Josh Bersin）
对中国读者说的话

用友公司副总裁
张月强 先生
向广大读者
诚挚推荐本书

中文版推荐

人才的驱动力正在加速从"外驱"向"内驱"转变，企业必须思考如何激发每个个体人才的内在驱动力，从而发挥个人价值，推动组织快速发展。

如今，崇尚参与、个性张扬、独立自主的Z世代，即以"95后"为代表的新生代员工进入职场并逐渐成为劳动力的主体。这类人群更加关注愿景、目标、责任感和归属感，他们更重视个人成长和可持续发展，以及美好的体验和满意度，对组织的认同直接影响他们的敬业度。同时，多代际人员共同工作，必然导致人力资源管理者需要思考和处理复杂多样的多代际共融局面。对于企业管理者来说，在管理手段和激励手段两方面都面临着新的挑战和机遇。

从员工和个人发展视角看，盖洛普公司的调研数据发现：48% 的员工表示，如果公司提供技能培训机会，他们愿意转到新的工作岗位。这表明，员工发展前景已经成为薪酬和福利待遇的一部分，是吸引员工应聘的重要因素。人力资源管理者需要在数智化时代深刻地认识到，为员工提供学习机会可以提高员工的敬业度，从而提高生产力和赢利能力，同时降低员工流失率。因此，将可持续性发展作为薪酬和福利待遇的一部分来吸引员工应聘，是各层级管理者和人力资源管理者需要深入思考的问题。在组织目标与个人发展并举的基础上打造团队文化、赋能员工发展、关注人才成长，是企业实现可持续发展的前提。

从组织发展的视角看，组织能力价值定位的变化、新生代员工的渗透、数字技术的创新发展，以及越来越多的人期望从工作中获得意义和价值，都促使组织的角色正从交易型雇主转变为变革性伙伴。同时，组织中传统意义上的雇佣关系也在发生颠覆式的变化，企业不再单纯是员工赚取报酬的工作单位，而是个人价值实现的载体。企业的雄心壮志与愿景，正逐渐成为吸引人才加入的根本动力，即愿景吸引人才，人才引领企业发展。大量的调研数据表明，人力资源部门需要承担起作为目标驱动力和有意义变革的角色，否则就有可能加剧人才短缺。因此，组织绩效战略落地成为关键目标，通过全员定责、层层问责、精准兑责，链接战略 – 组织 – 人，保证组织拥有具备高效执行力的人才与组织绩效"人效合一"，是实现组织能力的锻造与持续重构的关键。这就需要各级管理者能够成为当之无愧的"教练"或联结型管理者，而不是单纯的日常工作指导者。

势不可当

长寿企业的
七大生存秘诀

［美］乔什·贝新（Josh Bersin）　著

贾广民　龚卫东　于翠红　译

IRRESISTIBLE

The Seven Secrets
of the World's Most Enduring,
Employee-Focused Organizations

中国原子能出版社　中国科学技术出版社

·北 京·

IRRESISTIBLE:The Seven Secrets of the World's Most Enduring, Employee-Focused Organizations by Josh Bersin, ISBN:9781646871100

Copyright © 2022 by Josh Bersin

Published by special arrangement with Ideapress Publishing in conjunction with their duly appointed agent 2 Seas Literary Agency and co-agent CA-LINK International LLC

Simplified Chinese translation copyright © 2024 by China Science and Technology Press Co., Ltd. and China Atomic Energy Publishing & Media Company Limited.

All rights reserved.

北京市版权局著作权合同登记　图字：01-2023-5229。

图书在版编目（CIP）数据

势不可当：长寿企业的七大生存秘诀 /（美）乔什
· 贝新（Josh Bersin）著；贾广民，龚卫东，于翠红
译 . — 北京：中国原子能出版社：中国科学技术出版
社，2024.3

书名原文：Irresistible:The Seven Secrets of
the World's Most Enduring, Employee-Focused
Organizations

ISBN 978-7-5221-3165-8

Ⅰ.①势… Ⅱ.①乔… ②贾… ③龚… ④于… Ⅲ.
①企业管理 Ⅳ.① F272

中国国家版本馆 CIP 数据核字（2023）第 233873 号

策划编辑	陈　思	责任编辑	马世玉　陈　喆
封面设计	潜龙大有	版式设计	蚂蚁设计
责任校对	冯莲凤　张晓莉	责任印制	赵　明　李晓霖

出　　版	中国原子能出版社　中国科学技术出版社
发　　行	中国原子能出版社　中国科学技术出版社有限公司发行部
地　　址	北京市海淀区中关村南大街 16 号
邮　　编	100081
发行电话	010-62173865
传　　真	010-62173081
网　　址	http://www.cspbooks.com.cn

开　　本	880mm×1230mm　1/32
字　　数	185 千字
印　　张	8.5
版　　次	2024 年 3 月第 1 版
印　　次	2024 年 3 月第 1 次印刷
印　　刷	北京盛通印刷股份有限公司
书　　号	ISBN 978-7-5221-3165-8
定　　价	69.00 元

赞誉

亚当 · 格兰特

《纽约时报》榜首畅销书《重新思考》的作者、TED 播客 WorkLife 主持人

本书是缔造更具人性化工作场所的指南。乔什 · 贝新以其简明清晰、引人入胜的文字，引领我们踏上以员工为组织核心的企业发展征程。

阿里安娜 · 赫芬顿

茁壮成长公司 Thrive 创始人兼首席执行官

本书是以人为本的企业文化启蒙教材，为那些渴望成为商业领袖的人量身定制。本书为我们提供了向杰出商业领袖学习的良机，实为不可多得的必读之作。

丹尼尔 · 平克

《纽约时报》榜首畅销书作者，著有《后悔的力量》《驱动力》《全新销售》

长久以来，企业皆宣扬人才是无价之宝。本书以一系列独具匠心的见解和巧妙策略为纽带，将此理念付诸实践。

凯瑟琳 · 霍根

微软公司首席人力资源官

倘若你渴望探知团队满足度、参与度和忠诚度的高峰秘诀，本书就是不二之选。

戴维·尤里奇

密歇根大学罗斯商学院
伦西斯·利克特教授、
RBL 集团合伙人

乔什以记者身份和分析家的洞察力，生动而深刻地诠释了那些对我们产生深远影响的实践。这七大主题以其独特的视角，彰显了创造以员工为中心的崭新组织实践的价值所在。

里奇·莱昂斯

加州大学伯克利分校首席创新和创业官，哈斯商学院前院长

我关注乔什已有多年，近期更是有幸与他一道为高管们授课。从乔什那里，我受益良多。如今，在这本书中，我们能够更加真切地感受到，乔什是如何将其宝贵经验娓娓道来的。这是一本不容错过的佳作。

吉尔·波珀尔卡

思爱普公司 Success Factors
公司总裁

在组织竞相吸引和留住人才的浪潮中，唯有势不可当的企业方能站在胜利的巅峰。然而，要塑造一个势不可当的公司，则须将激发员工潜能作为突破口。

奥利维尔·布卢姆

施耐德电气能源管理业务执行副总裁

本书正是我信念的最佳印证："英才所向，必然出众"。凭借其洞察力和丰富经验，乔什正助力各级领导与人力资源团队，将企业文化、管理模式与工作方式转化为竞争优势的关键要素。

前　言

　　无论你是首席执行官、高级管理者，抑或是人力资源部门的领导，都会渴望所属公司、团队与部门在竞争激烈的业界独占鳌头、蓬勃发展、稳如泰山。更确切地说，人人都希望自己的公司在外界眼中显得"势不可当"。晨光初现，无论是在办公室、家中还是在通勤途中，员工们都热切地希望拥有全身心投入的工作状态；每当他们跟朋友谈起自己的公司时，心中充满骄傲和自豪，而且从未产生过离职的念头。

　　那么，这种"神仙工作"到底是什么样的呢？其实很简单。想想看，是不是人人都渴望入职有使命、有责任、有担当的公司？是不是人人都渴望有一位对下属既体贴入微、守望相助，又不会过度干涉其工作的管理者？是不是人人都渴望就职的公司能够为自己提供丰富多样的培训项目，关心员工、客户以及所处社区，并以关爱地球为己任，致力于为世界发展做出积极贡献？

　　这样的公司，便是"势不可当"的存在。

　　但是，这种"神仙公司"真的存在吗？

　　毋庸置疑！本书将指引你去创建一家这样的公司。

引　言

如今，职场矛盾层出不穷。

经济虽蓬勃发展，但招聘却愈发艰难。

有些公司斥巨资以提高福利待遇和津贴，然而雇员仍旧"压力山大"、焦躁不安。这种焦虑和压力程度之深，前所未有。

纵然人工智能、机器人及自动化无处不在，但人们的工作时间却愈发漫长，睡眠时间愈发不足。

生在当下，我们能在瞬息之间与世界各地的人建立联系，但孤独感却依然如影随形。特别是在弹性工作制的影响下，选择居家办公的人更感孤独。

此般现象成因何在？

在过去的 25 年里，我一直致力于这类问题的探索。在担任研究分析师的职业生涯中，我主导了逾百项研究项目，涉及企业精英、领导力的培养和人力资源实践，并与成千上万的雇主、顾问和软件供应商互动交流。

从中，我悟到不少奥妙要道：当前经济正在经历第三次剧变。为此，我们必须重新审视"管理原则"，也必须重新定位企业在环保、多元化和包容性议题上的角色。更甚者，既定职位、团队组织方式、领导角色、薪资支付方式皆在历经变革。

结果如何？这些变革引发了潮水般的担忧。例如，担忧招募不到前线工人、适应不了混合工作模式的角色、员工福利问题，以及信任感的建立等。那么，能否将这些问题的解决寄希望于外部力量呢？断然不可！因为解决这些问题的关键在于"管理"，即如何对雇员进行管理、组织和赋能。

有人或许会辩称，归根结底，这些都是经济变化引发的经济问题，只要发展经济、减少税收、创造更多的就业机会，问题便可迎刃而解。然而，我坚决反驳此观点。正如乔纳森·萨克斯（Jonathan Sacks）在其著作《道德：重建分裂时代的共同利益》（*Morality：Restoring the Common Good in Divided Times*）[1]中掷地有声的说法，再多的国内生产总值增长也无法解决我们如今面临的问题，唯有"管理"方是治本之策。

在瞬息万变的商业环境中，仅有为数不多的"超级赢家"企业能够一骑绝尘，获得丰厚的回报。相比之下，绝大多数企业都在生存挑战中苦苦挣扎。尽管"打工人"的职业生涯愈发漫长，公司却以前所未有的速度陨落。与平均寿命为61岁的公司（1958年）数据相比，如今榜上的标准普尔500指数公司的平均寿命还不足18岁。到2027年，该指数上3/4的企业都将不复存在[2]。

---

[1] 《道德：重建分裂时代的共同利益》，乔纳森·萨克斯著，基础图书出版社出版，2020年9月。

[2] "为什么你的寿命可能比大多数大公司都长"，国际管理发展学院，史蒂芬·加雷利，2016年12月。

　　应该如何走出困境？可喜的是，诸多尝试正如火如荼地展开。整个新冠疫情期间，一系列创新理念在各行各业得以试行。然而，相关做法并非始于新冠疫情：关于"员工体验"的调整已进行了数十载。坦白说，有些尝试确实见效，很多则功败垂成。这其中的原因，我已了然于心。

　　如今，技术、全球化与社会意识以惊人之速横扫全世界。在这股磅礴之势的推动下，商业法则经历了翻天覆地的变革。于是，人们开始深入反思现行的工作模式，包括工作地点、工作方式、工作时间，甚至工作的真谛。

　　对这场变革视而不见的企业必将覆灭。本书致力于帮助公司渡过难关，扬帆远航。书中提出的七大管理法则将铸就目标明确、意志坚定、团结一心的企业——一座势不可当的商业堡垒。如此一来，贵公司将如鱼得水，事半功倍，获益匪浅。更美妙的是，贵公司的员工、客户和其他利益相关者将如同磁铁般紧密围绕在公司周围。

　　我为何钟情于"势不可当"（irresistible）一词？缘由简单明了，因为本书的核心宗旨在于释放人类潜藏的精神能量。无论是谁，每一个企业成员都有潜力挣脱束缚，开拓新境界，成就更卓越的事业，铸就势不可当的辉煌。如果贵公司在你的领导下变得势不可当，员工必将积极进取、锐意创新、技艺精进。反之，若在竞争中停顿滞后，员工将陷入颓势、忧心忡忡、人心离散，最终悄然拖垮公司。

　　在本书中，我将向你揭示全球最重视员工的那些企业所遵循的七大法则。从本质上讲，它们已达到管理的巅峰境界——发掘每个人的无限潜力。这些法则融合了对速度的需求、尖端科技、灵活多样的混合工作模式，以及当今社会与文化问题。每一条法则都旨在塑造一个高绩效、高度专业化的企业，彰显管理思想的演进。

需要提醒的是，这些法则并非听上去那般简单。毕竟，我们不能盲目地照搬他人的流程与创新成果。环顾全球，我所研究的公司数量庞大，多达 5000 余家，但其中堪称"势不可当"的仅占不足 10%。这些企业既非新锐创业公司，也非科技巨头，更非涉足特殊行业的公司。相反，它们是深谙这七大法则、日复一日践行、融会贯通的公司。

此时此刻，你有望成为其中的一员。

勇往直前吧！

目　录 | CONTENTS

1

是团队，不是团伙

"形式永远服从功能。"

——路易斯·沙利文，建筑师，
1896 年

层级结构（hierarchy）历经百年风雨，依旧岿然不动。其基本模式为，创始人建立公司，并由上及下、等级森严地组织员工开展工作。实践证明，该模式稳健可靠、卓有成效，而且还能防患于未然。在这种模式下，员工皆有顶头上司、职业规划皆脉络清晰；高管们则尽其组织、权衡和管理之能事，掌管这些职能层级结构。时至今日，大多数公司仍旧奉行该类管理模式①。

层级结构诞生于工业革命时期。那时正值十九至二十世纪之交，美国经济由农业向工业转型，商业亟须拓展，企业内部就开发了一系列便于管理、职能专业化（functional specialization）和层级结构的体系。同时，大批未经培训的农民从农场涌向城市，但他们大多对大企业的运作模式和文化一无所知。因此，管理层和工人有着云泥之别：工人按部就班、唯命是从，管理层则确保工人可以顺利完工。

然而，只有当"规模"居于主导地位时，这一模式才有价值。一旦"速度"和"创新"成为商战主题，且服务人员跃

---

① 作家伊莎贝尔·威尔克森（Isabel Wilkerson）在其著作《美国不平等的起源》(*Caste: The Origins of Our Discontents*)（湖南文艺出版社，2021 年 1 月出版）一书中认为，一切歧视均由我们贬低他人、抬高自己的需求驱使。因此，等级制度几乎可以说是人类的弱点。

升为主导劳动力时，这些架构便成了企业发展的枷锁，不仅让公司决策的执行拖沓不前，还会伤害员工的积极性。由于头顶几十层上级，这些员工感到自身潜力无法尽情施展。在这种背景下，"自主权"的概念渐渐进入大众视野。正因如此，当今企业致力于让员工获得更多参与感，其根本在于满足员工渴望从燕雀变为鸿鹄的价值需求。

对于当今的企业来说，上市时间和迭代速度已成为制胜的关键因素。基于此，制胜战略已经从追求"工业规模"转向追求约翰·哈格尔（John Hagel）和约翰·布朗（John Brown）口中的"可扩展学习"（scalable learning）。尽管贵公司可能拥有强大的品牌价值、分销网络和客户基础，但对手能出奇制胜，通过应用软件、订阅云服务等数字化途径接触你的客户。所以，要是贵公司不能快速学习，规模反而会成为累赘。

虽然出于保护行政权、地位和职业生涯的需要，一些组织仍然固守层级结构，但是对于那些势不可当的公司来说，形势则大不相同。

随着贸易往来和服务递送模式（service delivery model）的日新月异，产品和服务皆向数字化迈进，促使企业围绕客户细分、服务类型、交付中心和新品研发等因素组织工作。此外，企业还需做到快速迭代。如果要为一个决定而逐级请示，那么时间上根本耗不起。

毕竟，无论何种企业，服务客户皆是立业之本。在我看来，数字化商业不在于开发大量应用软件，而在于随时随地满足客户需求。这也就意味着，客户随时可以点击图标、浏览网页、订购商品，并与公司进行即时互动。因此，服务团队需要具备即时访问数据、精通业务、高度敬业的能力；同时，企业需要为团队提供迅速响应的工具，营造高效的工作环境。

那么，这一切是如何实现的呢？答案其实很简单：悄然而至的科技。我们必须承认，科技颠覆了商业模式。时至今日，我们仍在努力学着适应。例如，手机不仅能读取人类的面部表情，解读话语背后蕴含的情感，还能与世界上的任何人即时共享个人信息。再如，很多人家里都配备有亚马逊、谷歌公司的音响设备、智能恒温器、汽车和安保系统。它们都能通过无线方式将信息传送给用户。

的确，消费者可以迅速适应新技术。随便上街走走，你会发现不少人使用手机阅读新闻资讯、打视频电话，网购网销或用电子地图定位。元宇宙（Meta，曾经的脸书）、谷歌、苹果和亚马逊公司均已市值万亿美元，这是因为它们知晓了如何满足人类渴望沟通、渴望被发现和渴望实现人生价值的欲望。

当今，在速度、敏捷度、参与度和赋权度这些因素的驱动下，一种新的商业模式已经形成，并孕育出了我称为"网络型团队"（network of teams）的新型组织模式。该模式有两大要点：第一，工作以团队为中心；第二，组织运行的方式是网络，而非层级结构。

多年来，尽管大部分公司的组织架构变化不大，而且阶式控制（cascading control）也与旧时的层级结构相差无几，但实际上，大家已在职能交叉型团队（cross-functional team）中工作，包括设计团队、销售团队、业务团队、制造团队以及其他几十个不同类型的跨职能团队。不过，我可以向你保证，在工作环境灵活多变的当下，我们有望使企业运行井然有序、日臻完善，企业经营左右逢源、势头强劲，企业团队齐心协力、各有所成。

团队对于组织的重要程度不言而喻：团队齐心协力、团结一心，聚是一团火，散是满天星；在长期的合作中，成员之间亲密无间、相互信赖。可以说，团队就像球队，分工明确、权责清晰。然而，对势不可当的公司而言，其团队具备一些独有的特点：部门类型齐全、人员结构多元、权责划分清晰、测评标准规范，并可以凭借产出（artifact）、测评工具和基础设施的支持，圆满完成任务。

仔细想想，首席执行官们最关注什么？说白了，他们最想知道：创新速度有多快？如何缩短产品的上市时间？如何最快地解决客户问题？如何降低成本……然而，只要有一支高效的团队，这些都不是问题。

波士顿咨询集团的高级顾问兼高管教练贾尼斯·森佩尔（Janice Semper）表示："在工业时代，管理主要依赖于'一声令下'和'严加控制'[1]。进入数字化时代后，领导们就要变换工作作风和思路了。更确切地说，领导者需要更多地考虑如何为团队提供平台，如何培养、激励、合理安置团队，以及如何让团队不断成长、开阔眼界。"

---

[1]　采访自贾尼斯·森佩尔，波士顿咨询集团，2019 年。

试问，为何小团队易获佳绩？因为小团队的成员之间更容易形成志同道合、惺惺相惜的氛围，从而使工作效率更高，服务客户更周到，产品迭代更快。素有"无情对手"之称的亚马逊便是这样运作的。团队一经成立，就会利用共享服务推动发展。若团队失败，成员便分道扬镳、各奔东西。要知道，这可是企业经营管理不可或缺的一环（另外，学术研究显示，最佳团队的规模应在 4~5 人，但仍要视项目而定）。

在全球动荡不安之际，《2021 德勤全球人力资本趋势》报告将"组建团队"和"开展协作"视为生存战略。报告指出："在疫情期间，团队是拯救'人才'和'组织战略'的最后一根救命稻草，因为团队的诞生是为了适应变局，而非预测未来或谋求稳定。"

诚然，比起孤军作战，团队合作更胜一筹。因为彼此之间的相互切磋有助于团队成员打开思路、迸发灵感、勇攀高峰。随着组织将重心放到"学习"上，成员将更加依赖团队的力量，以便在面对风浪时平安通关、勇往直前。

众所周知，"三个臭皮匠，赛过诸葛亮"。在体育界，平平无奇的球员有了名师的指点，便能逆风翻盘。我所在地区的金州勇士队（Golden State Warriors）便是一个鲜活的例子：每位球员都才华横溢，足以与其他球队的黄金球员分庭抗礼。正是这支球队的协作精神，使之在过去的五年里四度挺进美国男子职业篮球联赛（NBA）总冠军赛，并三次摘得桂冠。

如今，势不可当的公司早已深谙此道。为了让员工的个人能力和专长得以尽情发挥，这些公司允许员工跨越项目、团队工作，甚至可以直接将办公地点搬至家中，因其可以借助技术和专业网络互通有无，并通过同侪、项目经验和高级技术的助力迅速掌握技能。在这些公司，领导者的成功不取决于权力、任期，而取决于打通了多少环节，赢得了多少支持者。在员工的考核方式上，这些公司也舍弃了僵化的"绩效目标"和"年度评估"等，转而根据员工对整个团队的贡献大小加以衡量。

在新冠疫情（我管它叫"大重置"）席卷全球期间，各个团队很快抱团取暖。起初的几个月里，很多公司都以为自己濒临破产、岌岌可危。然而，短短几个季度内，各团队便完成了包括客户服务和产品的重新设计在内的多项工作。那些原本在传统层级结构中需要花费相当长的时间才能达成共识的问题，在新的团队中只需几天或几周便可将其一一化解。

在疫情期间，百事公司的一支团队在不到4周的时间里就制订了一项"虚拟入职计划"（onboarding program）。若在平日，这可能得耗时半年。说白了，问题很简单：让新员工在公司结束招聘时先以虚拟方式完成入职，进入团队工作。该团队将"速度"置于首位，在短短几个小时内，便可在项目重点方面达成共识，并通过脉动调查（pulse survey）[1]和开放式反馈不断完善。除此之外，公司还组建了一支权责清晰的监管团队，以确保所有反馈都能得到深入分析。这种敏捷模式常见于初创

---

[1] 脉动调查（pulse survey），是向员工发出的一组简短而有规律的问题，以提供关于员工满意度和参与度的有用信息。——译者注

的软件公司，在大型的跨国公司则较为罕见。

不仅百事，像泰姬酒店（Taj Hotels）、微软、联合利华（Unilever）、澳洲电信（Telstra）、亚马逊、通用电气（GE）、克利夫兰医学中心（Cleveland Clinic）、荷兰国际集团（ING Group）、思科（Cisco）、谷歌和澳新银行（ANE Bank）等诸多眼光长远的公司，也正在加强对团队领导的培训，让他们在当今瞬息万变的职场中，施展领导才能，带领团队重整旗鼓、再攀高峰。目前，这一做法正在得到广泛推广。

何谓团队？何谓网络型团队？

这两个问题看似简单，实则十分重要。让我先从定义开始讲起：

团队是一个高度相互依赖的群体。团队成员聚集在实体或虚拟的环境中，集思广益、共定决策、共商妙计、共审具体目标的进展情况。

这一定义可以适用于多种类型的团队。尽管管理急诊室的护士团队可能与远程在线开发软件的工程师团队风马牛不相及，但他们仍然具备以下几个共通之处：

- 团队都有明确的使命或目标，而非仅仅是形式化的团体或部门。
- 团队依赖每位成员，而非一群单一个体的结合。

- 团队既可以临时组建，也可以长期存在，还可以轻松解散。
- 团队需要一位领袖，但这个人不一定就是管理者。
- 团队成员多元化，可能涵盖设计、运营、工程、文员和行政等不同角色。

在传统层级结构的模式下，组织按职能或工作类型对员工进行分组。然而，团队不同于传统的层级结构，因其要立足于实现共同的使命，所以团队成员要忠于使命而非领导。团队领导的职责在于监督、协调，留意每个成员的感受，并及时与他们沟通。例如，某家提供文件存储服务的软件公司，有一支负责开发显示和管理照片应用软件的团队。该团队由几名工程师、几名设计师、一名项目经理和一名管理者组成。管理者的职责是实现团队与其他团队的协作，以确保团队能够顺利完成任务。

有别于传统的层级结构，"网络型团队"是一种以"群组"形式运行的团队。网络型团队根据对其他团队的依存程度或服务对象不同，可形成小组（squad）、部落（tribe）和分会（chapter）等组织形式。敏捷软件开发团队便是这种模式的典型代表。

一般而言，小组是指人数不超过 10 人的小团队，由一名产品负责人（product owner）带领团队完成产品待办清单，并始终关注客户需求。多个小组组成部落，致力于完成更大的计划。例如，如果你在一家银行的分行工作，放款部门就是一个小组，而整个分行则构成一个部落。值得一提的是，一个部落的人数通常不少于150人，与邓巴数字（Dunbar Number）相当。邓巴数字是指一个组织内可以相互了解的最大人数上限①。

在荷兰国际银行，地方分行可以被视为一个部落，诸如客服部、运营部和其他职能部门也属于部落。如前所述，部落没有严格的等级划分，更像是以共同兴趣为纽带的志趣团体（affinity group）或团队的集合。总之，部落将各个小组集中在一起，以便更好地协调相邻小组之间的工作。

在IT部门中，各团队通常会专注于软件实现（software implementation）或新系统开发。一般来说，这些团队都从属于一个部落。因此，其工作并不是孤立的，而是互相关联的。

除上述团队类型外，敏捷模式下还存在另外两种团队类型。一个是分会。所谓分会是指由担任相同角色成员组成的团队。举个例子，在银行中，每个小组里可能都有销售人员（包括销售、市场、运营等），他们在各自的部落中相互交流。然而，分会可以使所有销售人员实现跨部落的相互交流。

另一个团队名为行会（guild）。本质上来说，行会指的是整个公司中志同道合的团体。例如，所有一线管理者可以组成一线管理行会，共同探讨培训和监督方面的问题。再如，公司

① 也称邓巴定律，是由英国牛津大学人类学家罗宾·邓巴于20世纪90年代提出的。该定律根据猿猴的智力与社交网络推断出：人类智力将允许人类拥有稳定社交网络的人数是148人。——编者注

内的所有平面设计师可以组成一个行会，分享关于设计工具、理念和色彩方案的见解。

对这一架构的重新审视，可以使我们对网络型团队有更清晰的认识。

第一，网络型团队必须紧密契合"组织文化"和"团队实践"（通常是已经正式实施的那些）。例如，美国利宝互助保险公司（Liberty Mutual Insurance）便构建了一套全面的管理体系，以推动团队发展。这一体系最初被称为"利宝管理系统"（LMS）。它规定了团队的组建方式、运作方式、自评方式以及与其他团队的沟通方式。LMS 为全球企业提供了一种通用的工作模式，包括如何为客户创造价值、分享最佳实践、提升工作效能、不断提高竞争力等。

在艾特莱森软件（Atlassian）、谷歌、戈尔（W. L. Gore）、联合健康集团（United Health Group）等公司，人力资源部门的一个小组负责指导团队、培训团队领导者、开发工具，以使各个团队更加高效（艾特莱森是澳大利亚的一家软件公司，以其 ShipIt 黑客马拉松活动而闻名。这一活动鼓励员工放下平时的日常工作，花 24 小时从事一项感兴趣的创意项目。如今，艾特莱森团队赋能手册不仅为团队提供了实践和指导方案，还教导他们如何协同工作，提高协作效率）。

第二，网络型团队可以简化层级结构，避免上下级之间频繁费时的交流。要知道，在大多数传统的层级结构中，中层管理者（middle manager）置身于不同的决策之间，发挥调解作用。然而，在网络型团队中，决策皆由团队自行做主，而团队的领导也是直来直去，开诚布公。除此以外，网络型团队也是依据员工的技能而非其职位来评价员工。例如，一位高管曾透露，在公司转向团队模式后，他们将公司层级的数量从40层减少至9层。

如今，这种做法已屡见不鲜了。在战争中，斯坦利·麦克里斯托（Stanley McChrystal）将军就任命了多位联络官，以保证各团队的协作。这些官员在处理人际关系方面都极具天赋，能提供协调一致的情报，以确保各团队之间互通有无，获得实时的准确信息。同样，以团队为核心的组织也会使用相似的工具，诸如目标和关键成果（OKRs）、透明目标和白板（虚拟和现实），以确保人人都了解其他团队的动态。

为了保持专业素养，个人应既忠于自己的专业领域，也要忠于自己所在的团队，并且根据经验、技能、口碑和协作获得晋升，而非根据团队内的等级体系。究其原因，团队本身是扁平的。举例来说，在大多数软件公司，设计师既要向项目负责人报告工作进展，同时也要向设计主管和设计负责人汇报，以明确职业发展路径、项目进度和工作准则。

第三，在网络型团队中，队员很容易在团队间调动。每个项目的开始和结束都对应着团队的成立和解散。在戈尔、思科、元宇宙、思爱普（SAP）和联合利华等公司，雇员会同时跨团队工作，并由教练、职业顾问或经理帮助他们决定加入哪些团队。重要的是，团队是根据雇员在某一领域的声望和才能，而非职位背景，决定其能否加入相应的团队。这样一来，员工便更注重提升自己的业务能力，而非寻求权力和地位。

第四，对于网络型团队而言，必须建立以信息共享和集体智慧为主导的人员、基础设施和文化。这种交流通常通过"每日站立会议"（daily standup meeting）[1]、信息门户以及肩负协调团队、确保信息畅通无阻的小组或部落领袖来实现。由于这些会议主要关注协同配合、信息共享，所以具体决策由各团队自行决定。

第五，组织会根据项目、使命、目标和员工情况，对网络型团队进行优化。也就是说，一支充满活力的团队需要有清晰的生命周期，允许成员各尽所能，助推他们攀登高峰，赋予他们权力感、成就感和自主感。除此以外，团队还必须对目标负责，一旦团队开始走向失败，就要果断改组或解散，避免陷入泥潭而无法自拔。

通常来说，团队可以分为如表1-1所示的几种不同的类型。

那么，公司应该如何从传统的层级结构转型为团队结构呢？以美国西南航空公司为例。在西南航空公司，每架飞机的机组人员皆是一支团队，而飞行员则担任团队领袖。每位机组人员都肩负责任和权力，以提高旅途的安全性和时效性，同时让乘客倍感舒适。这样的架构不仅提升了公司的财务业绩，也使员工更加忠于职守。如今，西南航空公司仍然是收益十分可观的航空公司，其在美国雇主评价网站Glassdoor上的评级比

---

[1] 每日站立会议，主要用来同步信息，互相帮助的会议。该会议必须在每天的同一地点、同一时间、人员站着进行，并且尽可能不超过15分钟。要知道，一个10分钟就能解决的问题，如果全部人都坐下了，那就需要很长一段时间了。——译者注

其他航空公司高出 18 个百分点[①]。

表 1-1 常见的团队类型

团队类型	团队职责	运作方式	产出和目标
设计团队	设计产品、软件或其他服务	可能会采用敏捷实践来推动项目的创意和技术目标的实现	新产品、系统、设计、应用和模块
制造团队	管理制造流程和设备	在保障质量、安全和生产力的前提下，根据流程划分工作	过程产出、质量、安全、效率和资源利用
服务交付团队	为内部或外部利益相关者提供服务	确定客户需求，并围绕质量、规模和服务精神组织工作	服务质量、服务速度、客户反馈和不断改进
销售和营销团队	开发活动、服务客户、达成交易，培养品牌意识和领导力	细分市场、制订相应的服务策略，以满足客户或市场的优先事项；与客户或潜在客户沟通并销售产品	收入、领导力、品牌、市场份额和公共关系
财务、运营和监察团队	监测运营情况，执行财务分析，衡量工作情况以确保符合预算和进度要求	定义指标、开发模型、转化为具体的工作流程和操作规范，并监控工作的进展情况，以帮助团队领导提高绩效	每一美元的产出、预算合规性、赢利能力、生产力和其他各种衡量标准
基础设施团队	开发和支持其他团队所需的基础设施和微服务	管理设施、技术服务、安全、数据和其他服务，从而提升其他团队的工作效率	不断了解阻碍团队发展的因素，开发新工具和新模式，以帮助团队取得成功

资料来源：乔什·贝新公司，2021 年。

[①] 《就是势不可当》（*Simply Irresistible*），乔什·贝新公司，2019 年。

丽思·卡尔顿酒店（Ritz Carlton）也采用团队结构，每家酒店都有一名总经理，负责将员工分配到接待、服务、财务等各个团队。该公司以其赋权员工和为员工提供培训为荣，并以其信条"以绅士和淑女之道来服务绅士和淑女"而闻名。这种团队式的服务方式，让员工和客户的参与度均达到了业内最高水平。

联合利华高度重视敏捷团队建设。因此，新冠疫情暴发时，联合利华转型业务模式，投身于生产疫情初期急需的卫生产品。联合利华的人力资源执行副总裁杰伦·威尔斯（Jeroen Wels）说："我们研究了中国 2019 年最后几个月的情况，仅用不到 3 周的时间就将近 30% 的生产线转向了生产面部和手部清洁产品上[1]。"

同时，联合利华还为之前从事服务行业的员工重新安排了工作岗位。例如，公司将因疫情而被边缘化的餐厅和酒店员工（其工作前景已颇为黯淡）调往更具发展前景的市场。截至 2020 年 4 月底，联合利华旗下的 9000 多名员工均被重新安排到业务增长潜力大的市场岗位上。

威尔斯表示："我们原来负责销售食品，后来转而生产消毒洗液。该转变展示了我们弹性敏捷、应变自如的能力。以团队为核心的运作方式，让我们可以辨别孰轻孰重，从而重新分配资源，满足高需求产品的供应。"

---

① 采访自杰伦·威尔斯，联合利华，2020 年 10 月 7 日。

可以说，兼容并蓄、包罗万象是建设一支强队的重要因素。这意味着，团队不仅需要一位领导者，还需要设计者、构建者、实施者和操作者。前面已经提到，各团队职责不同，然而基本架构大同小异：每支团队都有一位负责统筹兼顾、而非执行管理的领导者；成员根据个人技能加入相应团队；成员有权制定决策并付诸行动；团队设立清晰的目标，并围绕目标建立评估标准和操作规范。

从理论上来说，这种结构是合乎逻辑的，但在实践中的效果如何？实践证明，人们的确可以同时在多个团队中发挥作用。元宇宙的人力资源主管罗莉·格勒尔（Lori Goler）向我透露，很多员工经常在多个不同的开发团队中穿梭忙碌。当我问及公司是如何决定员工在哪一团队工作时，她回答说："这完全取决于员工本人。当然，他们也会征求管理者的意见①。"正是得益于元宇宙公司这一优秀的企业文化，团队才能快速、轻松地组建起来。

当雇员能够自主选择钟爱的团队和项目时，结果往往令人出乎意料。美国短租服务平台爱彼迎（Airbnb）的全球学习主管巴里·墨菲（Barry Murphy）表示，成长与变革的需求让企业压力陡增。如何合理地进行组织设计显得尤为关键："这就犹如建筑中的脚手架，既要给予员工以足够的扶持，又不会因此而束缚其发展②。"或者，又如职场未来主义专家（work

① 采访自罗莉·格勒尔，元宇宙，2018 年 4 月。
② 采访自巴里·墨菲，爱彼迎，2017 年。

futurist）多米·普莱斯（Dom Price）所言，致力于"缔造一个能够让人们迸发工作热情的氛围，让大家爱上工作"[1]。

标志性历史：IBM 削减层级结构

在 20 世纪 80 年代，国际商业机器公司（IBM）是不容置疑的全球科技巨擘。该公司不仅涉足芯片、系统、操作系统软件的生产，更涉足应用程序开发领域，并推出了集这些产品于一身的网络硬件与软件产品，为用户提供一站式的服务。可以说，IBM 是当时整个信息技术行业的帝国，因为客户可以从 IBM 购买运行数据中心所需的一切资源。

IBM 包含多个产品业务部门，并通过一支由销售机构和专业团队组成的全球性网络实现市场拓展。当时，IBM 是大多数信息技术专业人士寻求解决方案的首选渠道。正因如此，其层级制度相当鲜明。

我们当然知道后来发生了什么。在 20 世纪 70 年代和 80 年代，随着计算机逐渐成为商品，英特尔、微软以及后来的戴尔（Dell）和康柏（Compaq）等公司成功生产出了功能卓越的设备，而且这些设备与 IBM 所生产的那些相比较毫不逊色。这让 IBM 在专有系统（proprietary system）上享有的巨大利润迅速瓦解，虽然 IBM 却对此坚决否认。

实际上，IBM 自上而下的"层级结构"才是妨碍公司

---

[1]　采访自多米·普莱斯，艾特莱森，2018 年。

发展的障碍。作为一名内部人员，我心知肚明。早在1982年，我就在IBM的某个产品销售团队供职。几年后，我开始向加州大学伯克利分校销售IBM电脑，并经常到计算机科学系聊天。其中就有构建操作系统（Unix）、邮件收发软件（Sendmail）和当今众多前沿科技产品的研发者。当时我就发现，他们正从太阳（Sun）、阿波罗（Apollo）、硅谷图形（SGI）和数字设备公司（DEC）等一系列奇奇怪怪的公司采购设备。

对于这一情况，我感到愤愤不平。因为那时我一直敬爱的雇主IBM正处于举步维艰的境地。不过，这也为我们提供了一个案例，即公司一味追求"可扩展的效率"（scalable efficiency）的优化，而不是"学习速度"。实际上，IBM的学习速度实在是太慢了。

虽然IBM在20世纪80年代和90年代初被狠狠地上了一课，但其仍然不失智慧本色。事实上，我相信早在敏捷软件革命开始之前，IBM就已经掌握了团队协作的奥秘。

根据IBM执行官弗雷德·布鲁克斯（Fred Brooks）1975年出版的《人月神话》（*The Mythical Man-Month*）一书，早在20世纪70年代，IBM便拥有了庞大的软件开发团队，并为银行、保险公司等大型企业构建集中式大型主机的操作系统、数据库和网络平台。所有这些团队皆在圣特雷莎实验室（Santa Theresa Laboratory）工作。该实验室坐落在加利福尼亚州圣何塞的田园风景中，环境类似于现代科技公司的园区。这些团队与硬件团队合作紧密。因此，每当IBM发布新的大型主机和

通信硬件产品时，相关适配软件皆已备妥[①]。

然而，由于软件研发团队规模庞大，研发的产品相对单一，重大新品每隔 18~36 个月才会发布。正如书中详细描述的，布鲁克斯发现，随着产品复杂度的不断增加，研发时间也变得越来越长。在对组织活动进行深入研究后，他意识到，将更多人纳入项目中，不仅不会加速进程，还会拖慢进程。

这意味着，传统的工业规模理念并不适用软件开发团队。布鲁克斯发现，团队成员之间的沟通已成为项目顺利进行的一大挑战。若两名工程师需要相互沟通便能推进项目，那么团队规模的扩张反而会造成拖延，并最终使其陷入僵局。

布鲁克斯认为，从"屠夫模式"（每名团队成员皆解决问题）转向"外科手术团队模式"（专家主导解决问题，其他人提供必要支持）是推动软件开发的最佳途径。因此，布鲁克斯重新设计了以专家为核心的小型团队，并通过明确规定支持型员工（support staff）的职责，使团队整体运作更加高效。

布鲁克斯发现，最佳团队应包括一名工程师、一名副手、一名文员、一名管理员、一名测试员以及一名工具开发员，并且所开发的工具旨在提升团队成员的工作效率。这种团队架构可以让大家专攻各自擅长的领域，从而实现共同分享项目成果的愿景。

四十五年前，布鲁克斯的开创性分析及其观念的成功应

[①] 《人月神话》，弗雷德·布鲁克斯著，清华大学出版社，2002 年。

用，引发了人们对团队的关注。从那时起，科技行业一直在引领我们深入探讨，在以速度取胜而非以规模为主导的时代，哪种组织设计才最高效。

创新：以敏捷原则为核心精髓

下一场巨变发生在 2001 年。当时，由资深航天工程师约翰·克恩（John Kern）领衔的软件工程师团队，汇聚其丰富经验，发表了一份意义深远的宣言——《敏捷软件开发宣言》（ *Manifesto for Agile Software Development* ），通称《敏捷宣言》。

《敏捷宣言》的诞生是企业创新的重大突破。尽管初期敏捷宣言只应用于软件开发领域，但其代表的崭新的工作理念，如今已触及各行各业。

从一开始，克恩团队便深知，复杂的软件系统无法获得预先规划[1]。因此，他们摒弃了长久沿用的"瀑布式方法"（ waterfall approach ），转而采用了敏捷模式。在此过程中，团队专注于快速构建软件模型、进行早期测试，并及时得到软件升级的反馈。事实证明，敏捷开发的影响范围已经超越了软件开发领域，因其不仅是一种组织模式，更是一种指导协作、提高效率的"文化"。

---

[1] 《敏捷软件开发宣言》，沃德·坎宁安，2001 年。

如果你有幸参观采用敏捷模式的软件团队，必定会深刻感受到他们对于文化是何等重视。在这里，团队赋予员工充分的自主权，团队建设以追求卓越为导向：规模小而精干、职责划分明确、每日致力于进步，注重设计、协作和反馈。总之，整个过程致力于保持简单、避免混乱，从而剔除不必要的功能，聚焦核心使命。

为了深入了解敏捷团队在实际运作中的情况，我曾与中枢实验室（Pivotal Labs）的工程主管进行过深入的交流。中枢实验室是最早提供云平台托管和咨询服务的公司之一，如今已经成为威睿公司（VMware）的一部分。这次交流经历让我更加深信，全球最杰出的软件团队由三位关键人物组成：一位业务负责人（产品经理或企业家）、一位工程师（软件开发人员）以及一位设计师（专门设计用户体验和界面的人员）。

正如中枢实验室的前首席人力资源官乔·马里特洛（Joe Militello）所说："我们从一个明确的客户问题出发，迅速设计解决方案，制作原型，并将之展示给一组客户观察效果。在实际操作中，我们发现，约80%的原型并不可行，但其中的20%运行良好，于是我们去芜存菁，再次来过[1]。"

---

[1] 采访自乔·马里特洛，中枢实验室，2017年、2018年。

敏捷宣言的十二原则

1. 及早和持续不断地向客户提供有价值的软件并使之满意。

2. 欣然面对需求的变化，即使在开发后期也一样。

3. 要不断交付可使用的软件（以周为交付单位而不是以月）。

4. 在项目过程中，业务人员和开发人员要每天在一起工作。

5. 要善于激励项目人员，给予他们所需要的环境和支持，相信他们能够完成任务。

6. 团队内部和各个团队之间，最有效的沟通方法是面对面地沟通（同地办公）。

7. 可工作的软件是衡量进度的首要指标。

8. 敏捷过程提倡可持续的开发，以能够保持恒久、稳定的进展速度。

9. 坚持不懈地追求技术卓越和良好设计。

10. 尽量做到简洁，尽最大可能减少不必要的工作。这是一门艺术。

11. 最好的架构、需求和设计出自自组织团队（self-organizing team）。

12. 团队定期地反思如何能提高成效，并相应地调整自身的行为表现。

资料来源：敏捷联盟，2022 年。

实际上，与埃里克·莱斯（Eric Ries）的《精益创业》（Lean Startup）[①]一样，许多关于敏捷软件开发的著作，都强调了最小化可行产品（MVP）的重要地位——以快速学习与迭代为宗旨。也就是说，团队可以通过短短 6 周的冲刺（sprint）[②]快速解决问题，测试解决方案，学习、成长并再次迭代。通用电气已经将此方法制度化，通用数字（GE Digital）——一家年销售额逾 10 亿美元的公司，也正在依靠敏捷模式来管理整个组织[③]。

这些观念主张将设计置于项目的核心地位，强调快速迭代、迅速反馈、动态转移资源以及持续的技能发展。如今，上述观念不仅跃升为商业领域的新标准，还成为贯穿处理问题全过程的思维方式。毫无疑问，敏捷模式能够鼓舞人心、催人奋进。就我个人而言，曾亲自拜访过数十个采用敏捷模式的团

---

① 《精益创业：新创企业的成长思维》（Lean Startup），埃里克·莱斯著，中信出版社，2012 年 8 月。

② 冲刺（sprint），指在 Scrum 项目管理方法中的一个常规、可重复的较短工作周期。——译者注

③ 采访自通用电气的数字人力资源团队，2016 年、2017 年。

队，置身其中，自身很快就能感受到团队成员所具有的"活力"与"自主意识"。

现在，请考虑一下，贵公司是如何开展销售、营销、信息技术、人力资源业务等其他业务流程的。你是采用了小团队并注重设计、实验和快速迭代的方法？还是说，你遵守传统的瀑布式方法，投入数月乃至数年的时间进行精心设计与规划，进而构建解决方案，并经由一系列复杂且漫长的 Beta 测试来发布产品？

最近，我有幸与谷歌的高级人力资源团队进行了一次深入的交流。当我谈到谷歌文化的独特之处时，一位资深人力资源领导者深入阐述了谷歌的精神内核：抱持强烈的实验意识，致力于源源不断的迭代和持续的改进。在探寻解决方案的同时，谷歌始终通过实践验证，不断地对产品进行完善。毫无疑问，这种工作（以及人力资源）模式，恰是其势不可当的原因所在。

诚然，敏捷模式并非放之四海而皆准的方法。毕竟，建造核潜艇或是打造精密的能源系统绝对不能容忍失误。然而，即使一个组织的任务都是"不容失误"的，小团队、协作、持续进步和信任等理念也是现代团队合作的重要标志，这一点不容置疑。因此，不管贵公司身处何种情境，都能够从敏捷模式中吸取成长所需的精华。

> **突破：IBM 将敏捷模式引入人力资源管理**
>
> 刚刚卸任 IBM 的首席人力资源官（CHRO）的黛安·葛森（Diane Gherson），一再向我强调敏捷模型对人力资源的重要性。当面临新项目（例如，解决员工投诉的流程修订）时，她会指派一个由众多人力资源专家、直线领导和软件工程师组成的敏捷团队，构建一个初步的解决方案。除此之外，她还创造了一系列认知指导、薪酬建议等数十种措施，以推动 IBM 的持续变革。

如何打造高绩效团队？

在网络型组织中，员工势必需要频繁地更换团队。这样一来，是否会对其长久、积极的工作态度产生影响？答案是肯定的，但我们仍需要重新审视这一问题。

无论是在商界、体坛还是军事领域，高绩效团队（high-performing team），皆存在诸多共通之处：既追求刺激，又乐在其中；既拥有权力，又充满激情；既目标明确，又不懈努力；既管理得当、权责分明，又自觉自主。

高绩效团队的关键特征如下。

关注自主权、掌控感和目标感

当雇员具备认同感、归属感并且明确团队目标时，方能全身心地投入工作。丹尼尔·平克（Daniel H. Pink）在其著作《驱动力》（*Drive*）[1] 中提到，"自主权、掌控感和目标感"是影响员工积极性的关键因素。若团队具备这些因素，队员必能发挥主人翁精神，为团队创造更多的价值。

具备查看项目进度的能力

哈佛大学的泰瑞莎·阿玛拜尔（Teresa Amabile）在分析逾 10 万多名员工的工作日志后发现，保持工作热情最宝贵的方法之一是"每日有所进步"（make progress every day）[2]。随后，她将这一充满活力的过程描述为我们的"内在工作状态"（inner work life）。积极的工作反馈可以带来愉悦感，提高生产力，引发深度思考。正因如此，团队管理者应该借助这种力量，协助团队成员清除障碍、保持目标清晰、提供长期支持。

打造安全可靠的环境

谷歌的氧气计划（Project Oxygen）团队历时一年，研究员工的工作日志和绩效评估，并从中得出结论：优秀的团队往往建立在信任、开放和自由的基石之上，且团队成员皆可从事自己热爱的工作。团队管理者既是教练与专家，又是伙伴。基于此，谷歌为团队领袖制定了一套指导方针，旨在鼓励他们拥有开阔的胸怀，确立明确而宏大的目标，以及注重实际的工作成果：

---

[1] 《驱动力》，丹尼尔·平克著，浙江人民出版社出版，2018 年 6 月。

[2] 《进步原则：用小胜利点燃工作中的喜悦、激情和创造力》（*The Progress Principle: Using Small Wins to Ignite Joy*）．泰瑞莎·阿玛拜尔著，哈佛商业评论出版社。

1. 心理安全。成员是否敢于在团队中尝试新事物，而不会感到紧张或难堪？

2. 可靠性。团队成员是否能够相互信任，保质保量地按时交付工作成果？

3. 结构和清晰度。团队的目标任务、角色划分和计划执行程序是否明确？

4. 工作意义。团队成员是否认为自己从事的工作对每个人都具有重要的意义？

5. 工作影响。团队成员是否真心认为自己所从事的工作很重要？

形成自己的工作方式

高绩效团队可以发展出独特的工作方式。著名心理学家布鲁斯·塔克曼（Bruce Tuckman）认为，团队的发展历经四个阶段：组建期（forming）、规范期（norming）、激荡期（storming）和执行期（performing）[①]。他指出，随着时间的推移，团队会逐渐建立信任感、工作规则，形成反馈和改进流程，并明确领导者的角色。因此，"工作形塑"（job crafting）的概念至关重要，即工作是可以被员工主动改变和塑造的，而不是员工被动地适应工作。

具备深入了解组织的能力

迈克尔·阿雷纳（Michael Arena）是一位经验丰富的人才

[①] "小群体的发展序列"，《心理学公报》，布鲁斯·塔克曼，1965 年。

管理专家，曾任通用汽车公司的人才管理主管，现为亚马逊网络服务公司人才与发展副总裁。他发现，影响团队成败的决定性因素是团队内部关系的健康程度及团队对公司其他部门业务运行的了解程度①。这意味着，卓越团队不仅要在内部紧密配合，还需要从全局角度，了解其工作如何与整体结构相融合。

培养提升绩效的组织文化

哈佛大学教授鲍里斯·格鲁斯伯格（Boris Groysburg）研究发现，组织中的超级明星，如远超预期业绩的投资银行家（investment banker），未必就能在转投新公司时保持这种卓越的表现②。这些超级明星早期的卓越表现很大程度上依赖于原工作单位的资源、组织文化、团队网络及工作伙伴。也就是说，文化对成员的表现至关重要。在一支团队中平平无奇、缩手缩脚的员工在另一支团队中或许能够大刀阔斧、游刃有余。这就要求今后的组织务必关注"工作模式"和"团队文化"。

营造反馈文化

高绩效团队具备相互了解、沟通和反馈的能力。在这样的团队中，如果有人表现不佳，其他成员则会主动提出建设性意见。现今，许多先进工具都可用于推动这一进程。例如，Trello（项目管理工具）和Slack（团队协作沟通工具），可以帮助我们轻松实现线上目标共享和团队交流。随着绩效管理的

---

① 采访自迈克尔·阿雷纳，通用汽车，2016—2018年。

② "雇佣明星的生意冒险"，《哈佛商业评论》，鲍里斯·格鲁斯伯格、阿希什·南达和尼廷·诺里亚，2004年5月。

持续发展，这一过程将进一步简化。后文将进一步详述。

树立明确的目标意识

在亚马逊，每支团队在启动一项项目或倡议之前，都要撰写新闻稿，以培养团队的目标意识[①]。新闻稿必须详细描述团队的最终成果和目标的实现方法，从而促使团队明确自身目标，探索预期的工作方式。

踏实前行

? 请与贵公司的领导和团队交流以下问题：

1. 遇到问题时，公司是否能够快速组建跨职能团队？如果不能，障碍何在？是组织文化吗？是奖励机制吗？还是管理方式？

2. 团队成员是否能够相互交流、共享信息，以避免重复工作或误解？如果能，是什么因素在发挥作用？如果不能，原因何在？

3. 在组建团队和促进协作方面，是否拥有标准化工具？是否有一套方法、工具或系统，能够用于帮助新任领导者创建和管理团队？

4. 组织中的员工能否毫无风险地从一个团队进入另一个团队？对于人才流动，是鼓励还是限制？为什么？

---

① "亚马逊的创新秘密——未来新闻稿"，亚马逊之路，约翰·罗斯曼，2015 年 3 月 15 日。

5. 你能否识别出表现最佳的那些团队？这些团队有什么共同特征？其中哪些特征是表现欠佳团队所不具备的？是否有一些可以共享的评判标准或方法？

6. 领导层是否愿意为团队的蓬勃发展让渡其权力和所有权，并让专业人士担任领导？他们是否有动力支持这种团队架构？如果有，动因何在？如果没有，阻碍因素是什么？

 行稳致远

尽管学术研究揭示了高绩效团队及其结构的一些特征，但公司也必须关注等式的另一侧——人的因素。

现实与虚拟的临界：面对面工作

无论是线下办公，还是线上视频会议，高度敬业的团队总少不了会面交流。伴随弹性、灵活的工作安排日益受到一众公司的青睐，由此衍生的职场关系问题，也从幕后来到台前，占据舞台中央。

新冠疫情暴发之前，美世人力资源咨询公司曾就"工作场所的灵活性"展开调研。彼时，企业领导层普遍认为，能够对纯虚拟远程办公应对自如的员工充其量只有45%。然而，美世后来却坚称，新冠疫情让之前的观念不攻自破。现如今，逾九成的雇主表示，雇员的工作效率并未因转入线上而大打折扣，甚至在某些方面胜于线下。82%的公司还打算继续加大

弹性工作制的实施力度。

2020 年，波士顿咨询集团对 1.2 万名员工开展了一项声势浩大的调研。这项被誉为"史上规模最大的工作场所实验"证实，75% 的受访者能够维持其以往的工作效率；有些还会百尺竿头，更进一步。

美国皮尤研究中心（Pew Research Center）于 2020 年 12 月公布了一组研究数据，与上述发现大同小异，即 71% 的美国人大部分时间都在家办公。其中，高达 87% 的人工作起来得心应手、游刃有余，而且其自觉工作参与度与身处办公室时并无二致。

这一大规模工作场所实验的研究结果令人鼓舞。更多雇主看到了弹性工作制的优点，也大喜过望。毕竟，早在新冠疫情之前，就有 80% 的公司要么已经开始实施弹性工作制，要么已经将之纳入实施计划之列。而疫情恰巧充当了这一进程的催化剂。百事可乐公司便是如此。新冠疫情肆虐之际，时任人才管理主管的萨钦·贾因（Sachin Jain）曾率领公司员工共克时艰。此后，萨钦曾向我坦言："我们在两三个月内，就实施了那个讨论数年，却未能付诸实践的计划[1]。"

诚然，疫情当下，其他尚在观望的企业也被迫做出了类似的决策。安永对全球范围内 1.6 万多名雇员的《工作重塑员工调查》（Work Reimagined Employee Survey）显示，如果无法

---

[1] 采访自亚历克斯·巴德诺赫，澳洲电信，2020 年 5 月。

适应灵活的工作时间和地点，超过一半（54%）的人将不得不考虑结束当前的工作①。

诸多企业，比如素有"澳洲电信巨头"之称的澳洲电信，也已开足马力全面部署弹性工作战略。实际上，早在2018年的那次转型中，澳洲电信就已通过整顿错综复杂、各自为政（silo-based）②的管理层，确立了扁平化的管理战略，并一举裁减了25%的管理岗位。

澳洲电信负责转型、沟通和人事的主管亚历克斯·巴德诺赫（Alex Badenoch）直言不讳地说道："敏捷团队在我们的转型过程中扮演了关键角色③。"她继续表示："我们打破了高级领导者的封地（fiefdom），让跨职能团队聚在一起，更加以客户为中心。如此一来，不仅降低了成本，还缩短了产品的上市时间。总的来说，公司业务的各个环节都减少了3~4个层级，裁掉了近20%的直接劳动力和50%的第三方资源。现在，公司约30%的业务已转向敏捷模式。"

澳洲电信在2018年和2019年便考虑到了敏捷模式，为随后到来的业务变革做足了准备。巴德诺赫告诉我："当疫情暴发时，先前的举措为我们带来了巨大的优势。由于我们逐步建

---

① "如果疫情后不提供灵活性，全球超过一半的员工将辞职"，安永会计师事务所，2021年5月12日。

② 各自为政（silo-based），此处原文silo-based，意指silo effect（谷仓效应）。即各部门拥有各自的管理高层、自负盈亏，但缺少水平的协同机制，就像一座座高耸且封闭的"谷仓"。——译者注

③ 采访自亚历克斯·巴德诺赫，澳洲电信，2020年8月11日。

立了灵活、弹性的公司文化，办公室职员可以每周在家工作两天。"巴德诺赫继续道："当这些员工转向全职远程工作时，我们的工作效率丝毫未受影响。"

但是，人力资源经理也绝对不能忽视远程办公所带来的弊端。美世公司开展的灵活工作场所研究发现：在2020年，雇员的每日平均工作时间延长了3个小时；超过41%的雇员由于长时间盯着电脑而导致肩膀、后背或手腕剧烈酸痛；64%的雇主表示，员工使用行为健康服务（behavioral health services）的频次有所增加。

巴德诺赫告诉我，澳洲电信已经加强了对远程办公员工心理健康的支持。她说："最重要的是，我们每天都和员工直播沟通，以了解他们应对家庭教育和看护年迈家人的情况。"她还透露："公司开展了一系列脉动调查，以更好地了解员工居家办公的情况。此外，公司宣布将启动一项'经济援助项目'来帮助陷入困境的员工。这是我们整个组织的骄傲。"

诚然，线上与线下办公相结合的灵活工作模式将是未来发展的必然趋势。但对雇主而言，他们必须在两者之间寻求平衡。那么，对于贵公司来说，这意味着什么呢？实际上，你大可以像管理体育团体那样管理自己的团队：确保成员互相了解；强调开放包容和定期沟通；定期举行线下聚会；允许员工在最适宜的地点完成他们所热爱的工作。

微软有这样一个信条：鼓励员工在弹性工作场所（flexible workspace）中探寻潜在的机遇。微软执行副总裁兼首席人力资源官凯瑟琳·霍根（Kathleen Hogan）表示："目前，居家办公已成为常态，除非工作性质必须现场完成，员工可以自主选择是否在办公室工作①。"随着数字化转型的推进，混合工作场所（hybrid workspace）也在日益普及。然而，即便科技再发达，人类之间实际互动的需求始终存在。

优秀的团队规模较小

大多数关于敏捷团队的研究表明，最佳团队的规模是 8 人或更少。为什么？因为小团队交流更加便捷，成员间彼此了解，能更轻松和高效地完成任务。正因如此，小团队成员往往干劲十足、活力满满。亚马逊的杰夫·贝索斯（Jeff Bezos）曾用"两张比萨法则"（two pizza rule）形象地描述这一观点：如果一个团队吃午餐时需要两张以上的比萨，那么这个团队就太大了。

这一现象也得到了许多神经学研究的佐证。例如，人类学家罗宾·邓巴（Robin Dunbar）提出了"邓巴数字"的理论，指出人脑所能容纳的人际关系数量约为 150 种②。此外，解剖学的研究也证实，人类天生适应在小规模团队中工作。

---

① "拥抱弹性工作场所"，微软官方博客，凯瑟琳·霍根，2020 年 10 月 9 日。

② "新大脑皮层大小限制着灵长类动物的群体规模"，《人类进化杂志》，R. I. M. 邓巴，1991 年 12 月 2 日。

协调：移除团队之间的谷仓

尽管小团队是理想之选，但若团队内部默契不足，也将难成大器。你会让每个团队无视公司的整体战略，自行优化设计、交付目标吗？当然不会。这就是缘何我们致力于打造步调一致、沟通无阻、相互协作的"超级团队"。

吉莲·邰蒂（Gillian Tett）在《谷仓效应》（*The Silo Effect*）一书中指出，卓越的组织应该既能提升个人绩效，又能协同团队工作[①]。如若不然，谷仓效应便会为团队带来巨大风险。例如，根据其研究，"9·11"那天，在世贸中心英勇救人的消防员"缺乏与他人的联系"，导致其没有通过对讲机与其他应急部门沟通，结果太多人因为协调不当而丧命。

因此，在产品研发公司中，团队必须协同一致，致力于打造一体化的集成系统。以索尼随身听（Walkman）为例，虽为当时最早的便携式音乐设备，但在应对市场挑战的速度上不及苹果，最终只能将市场拱手相让。索尼错在何处？错在其随身听团队与公司其他部门协调不畅。当时，索尼的组织管理观念认为，利用"臭鼬工厂"（skunk works）的方法加速开发方为正途。于是，诸如索尼的大型组织在其内部建立起了一个个的小型实验性团队。但我们现在知道，苹果的一体化模式

---

① 《谷仓效应：为什么分工反而造成个人失去竞争力、企业崩坏、政府无能、经济失控？》（*The Silo Effect: The Peril of Expertise and the Promise of Breaking Down Barriers*）. 吉莲·邰蒂著，西蒙·舒斯特出版，2015 年 9 月 1 日。

（integrated model）成功占领了市场，而索尼随身听只能成为历史的见证，待在博物馆。

组织和网络型团队

如何确保团队协同合作，同时又保持独立性？从索尼公司的案例中不难看到，团队的成功与否取决于两个因素：一是团队自身的生产效率；二是与组织内其他部门协作的能力。不过，在某些情况下，这两个因素可能会相互牵制。

每个团队皆渴望速战速决，直接与客户碰撞出创新的火花。然而，以下问题不得不考虑：如何确保团队利用好公司内其他技术和专业知识？如何避免团队之间的重复和竞争？如何确保团队的努力有助于实现更大的市场份额和更高的收入目标？

经过深入研究，我发现协调产生的"网络型效应"比人们想象的更具影响力。尽管臭鼬工厂改造产品的故事广为流传，但对大多数公司而言，"组织内部关系"至关重要。正如迈克尔·阿雷纳（Michael Arena）在领导通用汽车公司的人才工作时发现的：预测创新成功与否的关键因素并非工程型人才（engineering talent），也不是以客户为中心的模式，而是公司内部创新潜力的释放程度①。

---

① 《适应性空间：通用汽车等公司如何积极地自我颠覆并转变为敏捷组织》，迈克尔·阿雷纳著，麦格-劳希尔教育出版，2018年。

通用汽车的首席执行官玛丽·巴拉（Mary Barra）[1] 曾推动一项倡议，旨在缔造自上而下与自下而上相辅相成的协同创新氛围。作为该倡议的践行者，迈克尔·阿雷纳领导了一项名为GM2020的宏大计划。他运用设计思维之道，成功激发了公司底层90名员工的能量，并借助自下而上的运营策略，将之与公司网络架构相连[2]。

随后，这90名员工被分为若干小团队，在一场黑客马拉松竞赛中一较高下。他们使用纸板和3D设计软件，为通用的雪佛兰Tahoe（越野）提供独具匠心的原型设计。只要这些设计能够提升司机的驾驶体验，其他均无任何限制。之后，这些团队在30名中层管理者面前展示了其创新成果，而这些中层管理者正是连接自上而下与自下而上倡议之间的纽带。

最终，通用汽车发布的2020年新款Tahoe就采用了获胜团队的发明——一个配有滑动控制台的中央狭槽，可供人们存放钱包。阿雷纳表示："借助敏捷团队，我们找到了一种促进创新发现并将创新推向市场的途径。"

阿雷纳告诉我，他发现最成功的创新往往充分利用了组织内其他部门的资源，尤其是最接近产品或客户的员工的工作成果。

---

[1] 玛丽·巴拉（Mary Barra），美国商界领袖，目前担任通用汽车公司的CEO。她于2014年1月接任该职位，成为通用汽车公司历史上首位女性CEO。——译者注

[2] 采访自迈克尔·阿雷纳，通用汽车，2020年9月22日。

以下是通过组建团队促成成功的实践案例。

团队可以根据客户需求进行分组。如果组织想要构建以客户为核心的解决方案（方案因客户而异），那么可以创建一个设计团队、一个服务团队和一个销售团队，且这些团队都以一位客户为核心。对于以产品为核心的公司（如苹果、三星、IBM、SAP 和惠普），产品整合（product integration）就是其核心价值理念。因此，组织可以围绕一个产品或产品系列组建团队。例如，在以产品线为导向的戴尔，其团队就包括管理部、制造部、设计部、工程部和销售部①。

通常来说，银行会根据地理位置或客户细分来组建团队。譬如说，大多数银行都拥有私人财富管理业务（private wealth management businesses），其中就包括独立的销售和营销团队。因此，即使群组不在一个地方，组员也可以围绕一个客户或客户细分群体共同展开工作。

在制药行业，不少公司也已从传统的层级结构转向以产品或特定疾病为中心的团队。这些团队中不乏来自科学和制造等学科领域的专门人才。事实上，一些制药公司甚至让其科学家围绕特定的人体器官或身体系统展开工作。

在 2020 年全球研发新冠疫苗和探寻治疗方法之际，一些制药公司和学术机构就联合各自组织的不同部门，成立了专注于新疗法的团队。例如，葛兰素史克（Glaxo Smith

---

① 采访自戴尔人力资源负责人，2010 年、2017 年、2018 年和 2020 年。

Kline）[①] 就将其免疫应答佐剂技术的研究人员共享给了药业巨头赛诺菲（Sanofi S.A.）的一个研究团队。该团队曾经开发了新冠病毒疫苗的关键成分之一——新冠病毒 S 蛋白。

在医疗保健领域，团队的作用也不容小觑。克利夫兰医学中心是医疗保健管理领域的先锋。最近，该中心重新设计了服务交付方式，旨在提高患者的康复效果。通过深入研究包括疾病诊断及确定恰当治疗方案所需的任务，该中心认识到，要想更加迅速、高效地为患者提供持续性护理，专家角色还需更加灵活一些。此外，护士岗位也要转变为一种新型混合性职位——"护理经理"（care manager）。如今，所有中心医护人员皆需接受护理与病历管理方面的培训，以拓展他们技术专长之外的能力。

克利夫兰医学中心还引入了一系列敏捷方法、工具和评估标准，以持续改进医疗服务。妙佑医疗国际（Mayo Clinic）也紧随其后，进行了类似的调整。除此以外，世界各地的其他医疗保健机构也纷纷效仿。在我所研究的大多数案例中，由于工作不断变化，医疗保健行业愈发重视员工的交叉培训，以提升员工的工作参与度。

在以团队为核心的组织中，管理者不再以"独裁者"的方式主宰其下属部门，这无疑是其关键变革的所在。诚然，每个公司都有总经理、高管、产品线负责人、财务主管、销售主

---

① 葛兰素史克（Glaxo Smith Kline），是一家全球性的跨国制药公司，总部位于英国伦敦。——译者注

管等，但他们已经不是部门之王，而是团队的协调者、推动者和牵引者。这种根本性转变不仅使团队成员拥有更多的自主权，还能为组织营造出更高的价值感和目标感，从而进一步激发员工的工作激情。

规模化组织团队：声破天（Spotify）和荷兰国际集团（ING）模式

为了进一步培养团队的自主性和协同性，经验丰富的敏捷模式实践者们已经构建了一系列完善的模式体系。其中，流媒体音乐平台声破天勇当先锋，开创了一条焕发光彩的新路径。如今，这种方法已被广泛应用于荷兰国际集团的银行业务领域。

在声破天的模式中，小组成员由8人组成，甚至少于8人。每个小组成员聚集在一个配备了如白板和其他共享工具的线下空间（类似于跨职能团队）中，分享自己的工作情况。另外，每个小组都是一个自治团体，可以自行设定与整个组织保持一致的小目标和大目标。这些大目标包括"将声破天打造成最佳音乐探索平台"或"为基础设施测试构建可扩展的工具集"。接着，小组便致力于实现每个季度的小目标。

正如声破天的领导者所说，小组享有极大的自主权，这大大激发了队员的工作热情。因其可以自主制定决策，从而避免官僚主义和资源浪费。同时，由于每天朝夕相处，小组成员之间的配合也相当默契。

为了维持这种默契精神，声破天在小组实施了"松散耦

合、紧密团结"的方法，犹如一支爵士乐队，每个乐器均能独奏，但集体演奏时也能和谐共鸣，奏响动听的乐章。

很显然，像声破天这样的组织正努力解决一个看似简单却意义深远的问题：企业如何平衡员工既追求自主权又渴望协作的需求？

这一问题深刻地反映了新型管理实践的本质，即引导员工，而不是事无巨细地管理员工。这一实践的特点包括努力共享信息，营造宽容坦诚、积极反馈的组织文化。通常来说，采用该实践的企业会整合以下策略，但也有所创新：

- 冲刺项目以 4~6 周为一个完成周期，员工可以在规定时间内完成任务，从而获得成就感。
- 每天 15 分钟立会，让员工分享自己正在进行的工作，确保每个人都有机会发言，以提高员工的归属感。
- 利用共享白板（如 Trello 和 Asana 等工具），让员工清楚地了解他人正在进行的项目。
- 采用微任务管理系统，使团队创建用户故事——描述团队正在设法打造的体验。
- 采用协作和通信系统（如 Slack、Microsoft Teams、Workplace、HipChat 等），让员工之间可以快速共享、互通有无。
- 创建线下空间（pod），员工可面对面地聚在一起，更好地了解彼此。
- 明确角色，公平有序地分配任务。

- 开展跨团队合作，员工可以在不同的空间或小组之间互相学习和协作。
- 建立反馈和指导机制，允许员工提出问题，并确保问题能够得到及时解决。

表1-2展示了协作率和自主性之间的相互关系。当协作率和自主性均低时，团队成员就容易陷入困惑，酿成恶果。在高协作率、低自主性的组织中，如在军队中，人们往往遵从命令，缺乏超越和创新的机会。而在低协作率、高自主性的组织中，如部分咨询公司，员工或许会竭力服务团队，但偶尔难免私心作祟。因此，高协作率、高自主性的组织是衡量成功组织的黄金标准，即领导者设定明确的目标和方向，具体实现方式则由各个小组自主决定。

表 1-2　组织内协作率和自主性的相互关系

	低自主性	高自主性
高协作率	我命令你建造这座桥	我们需要过河，大家能找找解决办法吗
低协作率	我们不知道怎么从河这边到河那边	我真希望有人正在研究过河的问题

资料来源：乔什·贝新公司，2021年。

从本质上来说，小组汇集了不同领域的人才。这与工业时代的职能层级结构不同，小组是一个自给自足的团队，具备完成任务所需的一切资源。

以一个重新设计银行抵押贷款申请流程的小组为例。该小组需要一位法律专家、一位零售银行经理、一位信息技术专家，以及一位熟悉组织设计、法律法规和金融系统的专家。随后，这群专家便群力群策、共商共量，并在流程推出后提供持续支持。尽管每位专家需要向自己的职能组织汇报，但为了设计该流程，他们都要团结一心、坦诚相待。

在新冠疫情期间，这种跨职能团队早已司空见惯。我曾与数十家建立小组的公司交流过，他们表示，建立小组的初衷在于为员工制定远程办公、混合工作模式及重返工作岗位的方案。这些小组的成员涵盖了不同领域，如信息技术、人力资源、设施、安全和法律等。

尽管跨职能团队能够提供有力支持，但我们仍面临两个显著的问题。第一，如何将小组分组，以便它们能与需要协调的其他小组保持紧密的联系？第二，当某小组的项目涉及其他小组的范畴时，如何确保该小组成员获得所需的信息和工具？

这就需要从部落和公会中寻找解决方案了。

一支部落由众多小组聚集而成。这是一个因从事共同项目、地理位置相近、职能或业务目标相关而组成的团体，旨在共享信息并协调成果。以荷兰国际集团为例，当地分行可被视为一个部落，客户服务部、运营部和其他职能部门也可视为部落。这种组织形式并不一定是等级森严的，更像是志趣相投的团体或团队的集合。部落将小组聚集在一起，以便更紧密地协调相邻小组。

在荷兰国际集团，部落通常由不到 150 人组成。部落的首领负责决定工作重点，维持各小组与其他部落之间的协调，并协助制定影响全局的决策。在某些方面，部落的首领堪比总经理，其必须具备高超的专业领域知识、强大的人际交往能力及精湛的业务能力，以培养得力干将并争取得到他们的拥趸。

公会相当于一支职能型团队（如工程、设计或市场）。也就是说，公会可以将各个部落内从事相似工作的员工聚在一起。

倘若你觉得难以理解，可试想一下军队的组织模式。在每艘舰船上，都有一支通信导航团队、一支推进团队及各种火炮攻击团队。虽然每位专业人员都来自不同的职能组，但他们仍然可以汇聚在一起，共同协作完成任务。

再如，在软件开发领域，每支小组都有一位设计师。可是，我们希望这些设计师可以使用业界相通的设计工具和组件。正因如此，艾特莱森的设计负责人便把各设计团队聚到一起，以统一设计标准、开发、共享设计工具，从而确保这支团队的日臻进步、精益求精。在荷兰国际集团，公会负责人扮演职能部门的"老板"，其角色类似于传统公司模式中的工程副总裁。

敏捷模式的最后一个关键组成部分为敏捷教练（agile coach）。敏捷教练不仅能为个人和小组提供帮助、创建辅助工具，也能发挥其作为学习与发展部门（L&D 部门）领导人的职责，助力每位队员领悟协作精神。在此方面，澳洲电信和德国电信等公司投入了大量财力，以帮助团队更好地组建、进步

和协作。

敏捷模式切实可行：提升员工敬业度和自主权

为何要回顾这些细节呢？理由非常简单：围绕网络型团队重塑组织架构可以带来意想不到的结果，包括提高员工的敬业度——这是一个高深莫测、难以企及的目标。然而，要想在公司顺利地实施敏捷模式，必须使员工相信以下几点：他们很受重视，他们的工作很有价值，他们的管理者具备科学管理与组织的能力；同时，公司必须竭力消除官僚主义对员工的打击，并最大限度地赋予团队自主决策的权力。

我曾实地拜访过一些公司，如艾特莱森、荷兰国际集团、澳洲电信和元宇宙等。访问期间，我深切感受到了其内部那种生机勃勃、奋发向上的氛围。这些公司最大限度地为员工赋权，员工则为公司倾尽全力工作。

正如澳新银行首席执行官肖恩·埃利奥特（Shayne Elliott）所说，当公司转向网络型团队时，"工作方式会迅速改变"。这不再像以前一样，设立专门的部门，组织需以客户需求为核心。举个例子，若一家银行立志成为购房和持有房产的客户心中的最佳选择，那么，该银行就须深思为了实现这一目标，应具备哪些技能。秉持这种思维模式，层级结构很快便会瓦解。这为我们如何支付薪酬、如何奖励雇员提供了重大启发。

不仅如此，敏捷模式还可以跨行业运作。该模式的有效性已获验证，正如达雷尔·里格比（Darrell Rigby）、杰夫·萨瑟兰（Jeff Sutherland）[1] 和竹内弘高（Hirotaka Takeuchi）在《哈佛商业评论》中写道：

> 美国国家公共广播电台以敏捷模式打造新节目，农用机械生产商约翰·迪尔（John Deere）将之用于新机器研发，航空和武器制造商萨伯（Saab）将之用于新型战斗机生产，云备份服务领导者 Intronis 将之用于营销，全球第三方物流提供商 C.H. 罗宾逊全球物流（C. H. Robinson）将之用于公司的人力资源管理。美国加州的 Mission Bell Winery 酿酒厂将之融入了企业运营的方方面面，从葡萄酒生产到仓储，再至高级领导小组运作。除此之外，通用电气正是依靠敏捷模式，才促使其从 20 世纪的大型企业集团加速转型为 21 世纪的数字产业公司。

　　在亚历克斯·巴德诺赫的领导下，澳洲电信已经全面采用敏捷模式。尽管最初几年举步维艰，但如今，该公司的员工参与度已经远远超过了以往的任何时期。因此，每当员工接手新项目时，他们不再以此谋求职位晋升，而是相信公司会因其"工作，而非职业"给予嘉奖[2]（详见下一章）。

　　归根结底，还是要回归到"人"。元宇宙的罗莉·格勒尔

---

[1]　杰夫·萨瑟兰，软体工程设计者，企业经理人，是 Scrum 的发明人之一。——译者注

[2]　采访自亚历克斯·巴德诺赫，澳洲电信，2020 年 3 月。

（Lori Goler）曾告诉过我："如果有人说，加入脸书的目的是抓住这个机会，我就会立马警惕起来，因为这是一个危险的征兆……我们想要的是那些热爱创新，渴望通过加入脸书与无数用户建立联系的人 [1]。"这两者之间有天壤之别。一支网络型团队需要的是那些自我激励、斗志昂扬、自信满满、才华横溢的成员。我坚信，人人皆渴望加入这样的团队。关键在于，要给他们打造一个理想的工作环境，以便使这一渴望落地生根。

---

① 采访自罗莉·格勒尔，元宇宙，2017 年、2018 年。

2

是工作，不是职业

"成就一番伟业的唯一途径就是热爱自己在做的事。"

——史蒂夫·乔布斯，苹果公司前董事长、首席执行官和联合创始人，2005 年你是否认为这是一个急中生智、灵光乍现的时刻？2017年，通用电气面临一项艰巨的挑战，那就是他们需要对超级引擎生成的近 80GB 的数据文件进行一番彻底检查。这项工作时任务量有多大呢？想象一下在网飞（Netflix）上一股脑看完约40 部电影是什么感觉吧。然而，通用电气内部并未就如何缩短处理时间而愁眉不展，反而巧妙地借助外力，轻轻松松地将这一困境一举化解。

紧随其后，平台 GE Fuse 应运而生。不过 8 周，该平台便吸引了 40 名来自世界各地的参赛者。来自印度和美国弗吉尼亚州的三位选手，因其提出的解决方案切实可行，最终成功胜出，摘得大奖。GE Fuse 平台的负责人阿米莉亚·甘达拉（Amelia Gandara）表示："这又是一种创新，说明办法总比问题多。你既可以投资初创公司，也可以进行内部创新。这是一个与外界共谋创新的契机。"

通用电气的尝试印证了如今有关人才的一个基本事实：无论是否有一份真正的"职业"，我们都可以在全球各地从事"工作"。在本章中，我们将探讨如何找到一份契合自己目标的工作，创造无比流畅、令人愉悦的工作体验，帮助我们的事业蓬勃发展。

🏔 转变：是工作，不是职业

截至 2020 年，美国有 5900 万具有工作能力的人从事兼职、临时工、零工等形式的自由职业，较 2014 年的 5300 万增加了 600 万[1]。最近的一项研究发现，近 2/3 的年轻工作者皆兼顾副业（side hustle），以此在专职工作之外获取额外收益[2]。

很多人弃朝九晚五而去，原因多种多样。有些人上有老、下有小，肩负多重责任；有些人囿于个人能力，很难找到全职岗位（这是一个很可悲的现实，因为大部分公司都有许多职位空缺）；有些人存在其他限制，如健康方面的问题；有些人单纯地想赚外快；还有些人仅仅期望保持个人独立。

实际上，由于这样那样的原因，不能或不愿从事全职工作的人并不在少数。根据全球就业网站 Monster2020 年发布的一份调查，新冠疫情对就业市场的冲击不容小觑。92% 的受访者认为，零工经济正当其时。其中 57% 的人表示，在找到稳定的工作之前，愿意先打打零工[3]。2021 年秋季，美国辞工率（quit rate）——人们主动离职的比率——更是创下了历史新高。

那么，这些人究竟在干什么呢？可不是无所事事、追剧

---

① "2014 年至 2020 年美国自由职业者人数"，Statista 全球统计数据库，2021 年 5 月 11 日。

② 《2018 年德勤千禧一代调查》，德勤会计师事务所，2018 年。

③ "2021 年的零工经济：招聘临时工的策略"，Monster，2020 年 12 月。

刷番；相反，他们忙于各种项目、合同和组织咨询等业务，甚至还会创业。换言之，放眼全球，无论人们是否从事传统意义上的职业，绝大多数都在积极投身工作。

至关重要的是，我们已从以雇主定义职业为基石的经济模式，转向以技能、阅历和抱负为动力的经济模式。如今，传统的工作说明书（job description）与层级结构正逐步土崩瓦解，而内部职业市场（internal job marketplace）正在蓬勃兴起。因此，我们应舍弃职业的界定，聚焦工作本身，以此来管理、引领和规划职业生涯。

近期历史：传统模式

我们先审视一下传统的工作模式。

在传统的模式下，几乎每个公司都有清晰的层级架构，这其中包括两条晋升之路：专业之路和管理之路。但是，在绝大多数公司中，专业晋升的终点往往是相对较低的层级，因此许多像我这样的人（曾在埃克森美孚和 IBM 供职）会自然而然地得出这样的结论：要想取得真正的成功，必须转战管理层。

然而，这条职业晋升之路又谈何容易？看看以下这个简单的数学运算就知道了。在大部分公司，管理者与其掌管员工人数的比例最低是 1：6，在某些公司的比例甚至高达 1：10。因此，想要攀登至管理层的金字塔顶，竞争将异常激烈。实际上，许多员工为了晋升不得不等待某位高层管理者退休。这无疑更令人感到沮丧。除此之外，公司还会采用诸多老套的、人为的手段，淘汰一些渴望朝此方向努力的员工。

究竟是什么主导了传统模式的晋升之路？答案：继任管理（succession management）。在 20 世纪的层级结构中，这一制度被称作更替计划（replacement planning）。在 20 世纪初期，一旦高层领导和首席执行官们身体欠佳，就会面临两种可能：要么久治难愈，要么撒手人寰。届时，就要有接班人迅速接替他们的职位。于是，更替名单（replacement list）便应运而生。正如指挥控制的委托式管理结构一样，更替名单也源于军事，尤其是"一战"时期。当时，战壕里的士兵一旦阵亡，便由更替名单上的士兵填补。

渐渐地，这一更替过程演变成继任管理。众多 20 世纪早期至中期的工业巨擘，如通用电气、通用汽车等，皆以此确立接班人。其中，最著名的确立方法莫过于"九宫格模型"（nine-box grid），如表 2-1 所示。

表 2-1　九宫格模型

	岗位定位	有潜力晋升一级	有潜力晋升两级或以上职级
高绩效员工	保留为高绩效专家	推动晋升	培养成为高级管理人员
稳定表现员工	发展成为专家	推动其在同一职位上承担更具实质作用的工作	通过培训提升其工作表现
低绩效员工	考虑让其离开或重新安排工作	小心管理	更换岗位或进行培训

资料来源：乔什·贝新公司，2021 年。

九宫格模型在对个人能力进行评估时遵循两个核心层面：

纵向的表现和横向的潜力。它先假定人们会以某种方式"向上"发展，而且这些纵向指标往往与管理有关。

其实，第一次接触九宫格模型时，我也深感困惑。究竟其中的"潜力"指什么？是承担更多工作任务的潜力吗？是成为更加优秀的专业人士的潜力吗？抑或是成为管理者的潜力？

在传统的人力资源领域，潜力通常被定义为"在企业内可晋升两个或两个以上职级的能力"。然而，这样的定义实在太过于简单粗暴。若不了解某人的特长，如何判断其是否适合晋升？技术人员或许能凭借其专业能力连升两级，但若为管理人员，又如何晋升？因此，这里的"潜力"，实际上是管理潜力的一个模糊概念。

对于像我这样的大器晚成之辈，也许终其一生都无缘跃升管理层。坦白说，我是在 40 多岁的时候，才真正走上管理岗位。然后呢？或许就一直待在这样一个岗位，履行该尽的职责，积累经验，乐在其中，挣到的钱却没有别人多。现在，这种领导哲学观念已渐渐过时了。

它从未真正按设计运作

事实证明，传统职业生涯模式未能发挥预期效果。

随着众多企业推出新产品、裁撤部门、实施数字化转型以及推行弹性工作制，员工逐渐意识到自己的职业生涯亟待改变。因此，非升即走模式（up-or-out model）从根本上早已注定落败。如果上司不肯离职，你又将如何应对？要记住，这种

源于"一战"时期更替名单式的职业发展模式，已经不适用当今这个充满活力、日新月异的世界了。

目前，九宫格模型仅适用公司高管。因为越来越多的公司都在采用"人才市场"（talent marketplace）模式。换言之，员工可以在公司内部自由流动，探寻新机遇或项目，从而持续学习、不断进阶。

试想一下，我们真正拥有的职业生涯选择：

1. 一次新的横向任务

2. 一次挑战性任务（试试老板的工作）

3. 一次外派任务（在其他公司或海外分部工作一年）

4. 一次开发式任务（承接一项全新的工作职能以更好地了解业务）

5. 一次在其他公司或部门的实习任务（试一试）

6. 一个项目或一份临时工作

7. 一次工作互换

8. 其他

诸多公司已经认识到，与外部企业进行工作互换意义非凡。例如，宝洁就一直与谷歌开展工作互换项目。这种跨界学习的机会能够让专注于消费品的宝洁员工学习技术知识；同时，让专注于技术的谷歌员工掌握消费品的营销技巧。公司若要谋求发展，就必须具备这种活力（现今我们称为"人才流动"）。

实际上，我们已对人力资源实践进行了广泛且深入的研究，发现"员工内部流动"（internal mobility）正成为当下一项至关重要的管理策略。事实证明，那些在各职能部门间互换的员工（如从人力资源到销售、从销售到市场营销、从财务到运营等），常常比同侪更胜一筹。

顺带一提，员工内部的流动比想象中的更加复杂。如果没有激励内部招聘的机制（这是一个文化层面的问题，我稍后会解释），要改变角色、部门、地理位置或部门通常很难。不久前，我在与一家印度著名通信公司的高层管理人员交谈时，也探讨了该问题。他们答道："在我们公司，换部门的最好方法就是辞去现职，然后去应聘。"这虽然听起来颇为荒唐，但现实生活中，类似的例子可谓司空见惯、比比皆是。

一切都必须改变：我们需要为工作而设计，而不是为职业而设计

实际上，企业越不拘泥于昔日陈旧的框架，其发展反而会愈发繁荣。这种现象已初现端倪。我们近期开展的研究表明，57% 的组织正在重塑其职业模式，83% 的组织希望在接下来的五年内在企业内部推行某种"开放式职业"（open career）市场[1]。虽然绝大多数仍然实行晋升制，但多达 2/3 的公司坦言，他们在员工的提拔方面，将不限于逐级晋升这一种形式。

想象一下，一家大型咨询公司可以如此运营：员工有机

---

[1] 《2017 全球人力资本趋势》，德勤会计师事务所，2017 年。
《2018 全球人力资本趋势》，德勤会计师事务所，2019 年。

会参与公司的任何一个新项目。该项目完成后，员工接受评估，又可以投身下一个项目。

以德勤会计师事务所为例。2018 年，在我离开德勤时，该公司仅设置了 7 个真正的职位级别，且每个级别都采用通用头衔（如顾问、管理者和高管）。每当新想法孕育，领导者（也称"合伙人"）便招募持有这些通用头衔的员工加入跨职能项目团队。如此一来，新项目就得以筹建、启动并获成功。一段时间后（有时是一个季度，有时是数年），这些员工还能加入其他新项目团队进行工作。其工作绩效将由同行和管理认可系统（managerial recognition system）进行评价。久而久之，员工的能力将日益增强，声誉也将日渐卓著。

德勤甚至将这一模式应用于管理层。熟悉德勤的客户合作伙伴可以通过同行评审程序（peer-review process）跻身德勤管理岗位。通常，他们在管理岗位工作 3~5 年后，可以凭借积累的工作经验再回归原公司，并与德勤重建客户关系。在德勤，鲜有管理者长期占据某一职位。这一模式为公司注入了巨大的活力和韧性（想象一下，你可以随时为你的上司工作，同时你的上司也能为你效力。你会感受到信任、公平对待和尊重，不是吗？）。

德勤不是个例，各行各业皆在行动。英格索兰（Ingersoll Rand）将其 8000 个职位拆分为 800 个角色，进一步增强了这些职位之间的互通性和灵活性。宝洁和贝宝也采纳了此策略。同样，慧与（HPE）公司也对其职位进行了类似的转型。

慧与的首席人力资源官翠西·吉欧（Tracy Keogh）告诉

我，公司已取消了"副总裁、总监、高级总监"等头衔。现今，若你想在公司内部寻求新机遇，你的申请理由应基于对这份工作的热爱，而非职位头衔（正如 Yelp 公司所为）。而这也将成为未来工作的一项重要内容。

当今，绝大多数组织都存在职位架构复杂、官僚作风盛行的问题，这无疑令组织发展举步维艰。细思量，如果员工们把大把精力都花在职位晋升上，整日里不惜削尖脑袋往上爬，那会是怎样的一副场景？这样一来，他们又如何全心全意去做事呢？

如何让人们找到适合的角色

在网络型组织中，业务经理、设计师和工程师齐心协力，携手共建项目；团队领导根据技能、口碑、协作精神以及支持者等因素选择队员；员工各自拥有职业生涯和个人目标，并依据兴趣和愿望选择合适的项目或工作；项目经理或领导的职责在于发掘这些人才，组建相宜的团队，并通过项目管理确保每位成员获得成就感；团队决定谁负责哪些工作，虽然有些人有专业特长，但实际工作可能会因团队而异。

随着时间的推移，员工可以在各个团队中穿梭游走，实现跨团队工作。当今，随着人力资源领域智能化变革的深入推进，我们可以利用人工智能系统为员工推荐下一阶段的团队、项目，甚至是职位。

每每与一些高层谈论起他们所面临的业务挑战时，便会听到诸如期望开拓创新、构建更和谐的团队、提升竞争力等表

述。除此之外，他们还总会提到需要提升技能这类的话题。

　　然而，当我问及这些问题为何难以得到妥善解决时，原因往往指向公司的职位架构。一方面，员工担心对职位晋升有影响而不敢调换职位；另一方面，职能部门的专家也不确定是否应转至其他部门。更糟糕的是，部分团队与群体还对外部人士的加入持有异见。

　　以某家金融科技公司为例。随着 Venmo 和 Stripe 等创新企业的上市，该公司在竞争中处于劣势。当我会见该公司的高级管理层时，他们看上去十分沮丧。为此，公司安排了一位新首席执行官上任。这位新首席执行官注重创新，并着手组织了一系列创意发明讨论会。

　　然而，人力资源团队却仍一蹶不振，十分挫败。虽屡次进行沟通，但员工依然不敢涉足全新领域。据人力资源团队透露，除非其职位能够因此获得晋升，否则员工往往不愿意参与新项目。换言之，该公司的奖励机制并非基于工作表现，而是基于职位和任期。

　　后来，我们发现，该公司虽在过去几年一路疾驰、不断成长，但也由此形成每位管理者都有一块小封地的局面。这与实施扁平化管理之前的澳洲电信架构颇为相似。据了解，该公司设有 30 多种不同的职位，由于等级森严，雇员们对上级言听计从。一位领导者曾表示："在未请示上司之前，我们甚至不会直接给同事发邮件。"显然，公司目前的组织架构已成为阻碍。

　　我对其中一个方面尤为关注：优秀人力资源组织的驱动

因素究竟是什么？通过调查数百个领先的人力资源团队，我们发现，轮岗的人力资源专员在预测卓越业绩方面得分最高。

谷歌、百事、联合健康、联合利华等其他具备卓越人力资源团队的公司都制订了"人力资源师带徒计划"（HR apprenticeship program），以便让新进人力资源专员轮换岗位，全面了解人力资源工作的方方面面。正因如此，他们将涉足招聘、技术、薪资、福利、领导力培养和绩效管理等多个领域，部分员工甚至还会轮岗至职能部门亲身实践。

戴维·尤里奇（Dave Ulrich）的研究表明，岗位轮换实践的成效，是预测人力资源管理实践是否强大的重要指标。原因何在？倘若没有这种工作轮换，人力资源部门往往会将某些员工安排到与之不匹配的岗位，并因此饱受指责。通过岗位轮换，人力资源专家和其他业务人员更能理解并尊重人力资源工作的复杂性。作为《彭博商业周刊》评选的首席管理大师戴维深谙此道，因为他是首位提出人力资源需要成为首席执行官战略合作伙伴，并应该在谈判中占有一席之地的人。

岗位轮换也是解决其他问题的良策，比如减少员工之间的偏见。你是否曾多次暗地思量"那家伙原来是干销售的啊，怪不得他不在意产品定价呢"，抑或"她是运营部门的，肯定不了解营销领域的情况"。诚然，这些偏见在传统公司中早已司空见惯，但它们会极大地阻碍提高工作绩效和加快变革进程。

新冠疫情期间，联合利华就尝到过轮换岗位的甜头。由于餐厅接连关门，联合利华便让原先负责销售食品的人员转而销售卫生消毒产品；而将先前对接美容店的销售人员则调至各类后勤岗位。经过此番调整，原本因疫情而"趴窝"的员工不仅学到了新技能，还为公司带来了赢利。杰伦·威尔斯表示："我们从这些不同的工作岗位轮换中解放了 30 多万个小时的工作时间。哪里有需求，员工的增援就到哪里。"

假设你已经对工作轮换有了深刻体会，也想让自己的公司焕发生机，那么又该如何行动呢？实际上，这一过程比你想象的要复杂得多。原因在于我们几十年来辛苦经营的人力资源实践已经成为前进路上的绊脚石。

举几个例子。在决定是否录用新员工时，公司是不是主要考虑应聘者的工作经历？在决定是否提拔员工时，公司是不是明确规定相关职位和级别？在确定薪资时，公司是不是完全对照员工的级别和角色？（见表 2-2）如今，我们必须做出改变了！

表 2-2　阻碍发展的旧的工作架构和奖励机制

招聘决策	基于先前的职称和职位级别，而不是基于技能和契合度
晋升决策	基于资历和在职时间，迫使员工"等待轮到自己"
薪酬决策	基于职位级别、职称和职能薪酬带，而不是反映真实价值或个人表现
职位名称	非常规范化的分级并印在名片上，人们通常认为随着时间的推移，职位应该向上发展，人们会争夺更高级别的职称和级别
人才流动	平级调动被认为是负面的，经常会被称为横向调动
技能习得	个人负责各自的职业生涯，这意味着个人需要自己留意和把握机会
同行声誉	有利于晋升，但常常基于政治手腕和"认识谁"
绩效评估	通常基于年度评分，由某位管理者进行评估

潜力评估	通常基于管理者的主观评估，或由一组管理者在校准会议上进行评估

资料来源：乔什·贝新公司，2021 年。

技能的变化：为何从职业到工作的转变迫在眉睫

势不可当的组织之所以坚持这一转变，还有一个原因：它让公司能够持续专注于产品研发、信息共享及技术奖励。

要知道，不管我们如何对工作进行精细定义，它都不可避免地发生着根本性的变化。为何如此？伴随自动化、人工智能和认知技术的飞速发展，人类正在以前所未有的方式被科技所"强化"，自然也为每一种工作说明书带来了巨变。

为了深入了解世界各地的职称、技能和薪资趋势，技能与就业数据领导者 Emsi Burning Glass[①] 检索了美国、英国和加拿大的所有工作说明书。随后，该公司与波士顿咨询集团合作，通过数百万份的在线招聘信息，研究了职业和技能的发展趋势。研究发现，混合职位的比例在不断攀升。换而言之，越来越多的岗位要求员工具备多种技能，比如，营销与统计分析、设计与编程（见表2-3）。然而，这些技能过去从未同时出现在同一份工作说明书中。因而，只能依靠公司内部培训对这些技能进行培养。

---

① 美国最主要的劳动力市场数据公司之一。

表 2-3　混合型岗位的演变

旧的职能型岗位	新的混合型岗位	2011 年以来薪资变化百分比
广告经理	数字营销经理	增加 145%
网页设计师	移动应用程序开发人员	增加 135%
数据分析师	数据科学家	增加 372%
产品设计师	产品经理	增加 7%

资料来源：乔什·贝新公司，2021 年。

该研究进一步指出，在美国，具有明显混合特征的职业足有 1/4。这些职业不仅增长迅速，薪资水平还十分可观，而且对自动化最具抵抗力。

实际上，一门全新的学科——塑造职业生涯路径（Creating Career Pathways）正在协助许多组织应对这一变革。随着工作自动化的不断普及，人们若想为职业生涯锦上添花，就不能不关注相邻的角色和岗位。

自动化如何创造工作

当今世界，各行各业正在以惊人的速度向自动化方向进发。市场营销经理蜕变为数字营销专家；销售人员凭借人工智能支持的客户关系管理（customer relationship management，CRM）平台实现采购、寻找潜在客户、进行定价和谈判；工程师运用精密的工具构建全栈系统（full-stack system）；财务专业人员也不再只是简单的会计，而是转型为财务经理。

基于这一趋势，管理行业也变得日益自动化。领导者的系统可以显示员工的工作效率、工作进度，甚至工作的情绪状态。Zoom（网络会议平台）、Webex（网络通信提供商）和 Microsoft Teams 不久便会推出面部表情辨识系统，用于识别哪些雇员有压力，哪些管理者对下属过于严苛。

长久以来，专家一直预言机器会自然而然地替代我们的工作。不过，事实却让这一预测惨遭打脸。因为新兴的自动化技术、人工智能或机器人工具反而让人们的工作更具人性化。这意味着，个人要想保持自身的竞争力和就业前景，就得持续不断地提升技能，使技能更熟练，以适应工作中的变革。

我女儿是一位 30 岁的市场营销经理，同时也是一位数字营销精英（digital guru）。她精通社交媒体、搜索引擎优化（search engine optimization）、精准广告投放（ad targeting）、集成客户关系管理和数字营销数据分析等领域。对于这些新技能，她几乎无师自通。幸亏她始终追求进步。否则的话，不出一年，恐怕就要被远远地甩在后面了。

这一转变也对招聘和提拔方式产生了一定影响。如今，那些势不可当的公司更加看重应聘者的阅历，而非经验；强调应聘者的能力，而非专业技能；重点关注应聘者的学习和适应能力，而非学校背景或社会地位。

新冠疫情暴发前，我曾开展过一些关于人才招聘的研究。结果表明，高绩效公司更加注重应聘者的认知能力、抱负、激情及团队契合度，而不是单纯地看重其工作经验和受教育水平。

例如，联合利华便撕掉了人才至上的标签。杰伦·威尔斯在采访中表示："我们要传递一个这样的信息，即员工的目标和技能会一起塑造一个人成功且充实的职业生涯。"他进一步补充道："人们可以自由选择工作岗位。新职位发布时，每个人都有申请的权利。至于这个职位是否与自身的能力最为匹配，就看申请者个人的情况了。如果有人想参加某个项目，而因为该项目只需占用其 20% 的时间就能完成，自然就可以通过参与该项目将自己从目前的工作或任务中解放出来，进一步探索职业生涯。我们正在解放员工，让他们通过民主化机制来自主掌控职业发展的航向。"

亚马逊旗下的美捷步公司（Zappos）甚至废除了传统的职位申请模式。尽管人们可以浏览所有可申请的职位，但必须向公司递交申请，由公司决定自己适合哪个部门。

这种做法获得了德勤《2021 全球人力资本趋势报告》的肯定。该报告总结道，"赋予雇员自由选择工作的权利"是组织释放雇员潜能的重中之重。

虽然远程和完全虚拟的工作模式给我们带来了巨大挑战，但我坚信，疫情已证明，人们具备自主学习的能力。根据德勤的研究，"劳动者的潜力并非取决于他们被雇佣去做什么、被认证去做什么，甚至不取决于组织或领导者希望他们做什么。"相反，"其潜力取决于员工能否随组织和企业生态圈的发展壮大，拥有更多自由的权利，以便选择最佳方式，助力组织解决关键问题。"

这听起来是不是有些宽泛？非也。要知道，卓越组织的架构应该聚焦技能提升，而非职位晋升。一条蓬勃发展的职业生涯应呈现 T 字形。其中，纵轴象征个人的实际工作职责和技能组合（如销售），横轴则代表个人在超出通常工作任务范围的混合工作中汲取的经验。

在聚集技能的当下，持续发展的重要性比以往任何时候都要突出。随着机器日益智能化，高管必须让管理者和员工定期"重塑"自身工作。曾经，X 射线技术人员的工作就是操作 X 射线机。但今时今日，该工作的技术成分正逐步降低，而服务、沟通、共情和解释能力的价值则日益凸显。

再如，我曾为亚洲一家大型银行做过一项咨询项目。其内容就是从银行为我们提供的成千上万例工作说明书中，寻找共通的技能、能力、任务与角色。为此，我们运用了一系列人工智能辅助工具。结果表明，像大多数银行一样，这家银行也是以零售、商业和金融机构为单位组织起来的，并且在地域上有着不同的组织架构。不过，结果也显示，该银行存在许多重复、不协调，甚至是冗余的工作。

首先，我们发现，这 6 万多份工作说明书中，约有 20% 与其他工作相似，只是职称、级别或描述方式不同而已。如果借助团队力量的话，这 20% 的员工本可以轻松获得发展与指导，能够毫不费力地从一个项目转移至另一个项目。也可以如我以前所说，他们还能形成一个兼容并蓄的"群组"。

其次，在这些工作说明书中，约有 25% 的技能正处于贬值状态，且可能在未来几年内被自动化技术取而代之。这意味着，25% 的工作亟须重新设计：不仅工作需要重新规划，雇员可能也需要另谋出路。

借由这些信息做指导，该银行如今正在进行一场大规模的战略设计变革，涉及组织架构、员工角色及未来工作。事实

上，不少公司都需要这样做。

我们可以摒弃工作说明书吗？当然可以

倘若岗位频繁变动，员工角色也不断变换，那我们是否还需要工作说明书？答案是肯定的，但现在我们需要令其更包容，更开放，更完善。

在 Yelp 公司，数百名工程师共享同一职称——工程师。也就是说，没有"初级工程师"和"高级工程师"的区别。尽管背后等级划分（用于晋升和薪资管理）仍然存在，但所有人皆受到同等对待。这样一来，员工就不再依赖头衔，而是依靠个人经验和成果来积累声望和技能。

一家大型消费品包装公司曾向我透露，将所有空缺职位列于企业招聘网站只会成为招聘的障碍。由于求职者无法确知自己最适合哪个职位，导致申请方向和内容往往并不如意。现今，这家公司对此做出调整，即将工作划分为若干类别，详述每日任务、出差需求、同事关系及所需技能；同时，要求应聘者申请某一职位属系（job family）。在一系列评估、测试与后续面试后，公司招聘人员会决定候选人的具体职位。这无疑是一个巨大的成功，因为公司员工素质与员工保留率均提高了30% 以上。

与其耗费大量精力通过谈判争取高位，不如将精力放在拓展与提升个人技能组合上。想象一下，职业生涯中将会涌现许多浪潮，一浪接着一浪，将我们冲到顶峰，又推向海滩，然后我们需要再次划桨去迎接下一波浪潮。然而，每一次连续登顶、再次挥桨，都有助于我们不断精益求精，不断进取，不断增值。

在冲浪过程中，是否会遭遇几次沉水？结果是肯定的，但这恰恰彰显了成长型思维模式（growth mindset）的力量。如今，这一思维模式已被微软的首席执行官萨提亚·纳德拉（Satya Nadella）融入公司文化。那些怀揣成长型思维之人，会潜心投入时间与精力，以探求自己缘何未能从挫折中快速恢复。一旦这种将自我意识与挑战联系在一起的企业文化深入人心，微软的业绩就会像一家势不可当的公司那样，一路狂飙、直冲云霄。

零工已是主流

伴随零工经济的规模逐年扩大，越来越多的劳动者放弃长期职业，转向独立的短期零工。各种各样的自由职业平台，如 Upwork、Freelancer、Fiverr 及在线商标设计公司 99designs，都已汇聚了众多优质的零工人才，助力企业填补暂时性的劳动力空缺。事实上，根据我的调查，目前使用这些平台的员工超过 7000 万人，且该数字仍在快速地持续攀升。

许多公司已经察觉到这一趋势。根据近期的一项调查，超过 2/3 的公司相信，在未来三年内，公司的零工岗位将大幅度增加[①]。这一观点已然成为现实。例如，在微软和元宇宙等公司，你能看到一些绿色标志。这表明该公司因项目或专业工作需要而聘请合同工（contractor）或零工。因此，下一步的发

---

① 《权威指南：员工体验》，乔什·贝新公司，2021 年。

展趋势是让这些员工完全融入企业队伍中。再如，购车服务公司SellMax每年会举办两次团队务虚会（team retreat）[1]，邀请内部团队成员和自由职业者一起参加。科技创业公司 SimplrFlex 也会邀请合同工参加公司的节日百乐餐（potluck）[2]。

在公司内部，零工工作也已经成为主流。我们最近的一项研究显示，近15%的大型企业都在运用"人才市场"，让管理者发布项目或任务，由员工根据兴趣申请工作[3]。

在这个势不可当的时代来临之际，企业曾将员工分为全职、兼职、豁免或非豁免，而且大部分合同工作都由采购部门管理，基本上以合同形式出现在财务表中（见表2-4）。如今，企业需要更灵活的雇佣方式。

表 2-4　势不可当的劳动力分类方式

工人类型	分类方式
白领	全职、有薪资，列在财务表上
蓝领	按小时计算，全职或兼职，列在财务表上
灰领	临时合同工，不列入财务表
无领	零工，按完成的工作付费

资料来源：乔什·贝新公司，2021 年。

[1] 美国学校、公司中一种让组织成员在紧张环境中进行放松的团队活动。

[2] 西方文化中一种由主人提供场所、点心和饮品，客人每人带一道菜品来参与的聚餐方式。

[3] 乔什·贝新公司关于领导力和培养最佳实践的研究，2021 年 11 月。

　　确实，现在是将这个新世界进行工业化的时候了。比方说，德勤和大部分医药公司都愿意为投身特定项目或工作的临时工提供正式职位，并将其视为公司的一分子予以管理。除此之外，诸如简柏特（Genpact）和 IBM 等外包公司也正在培训旗下的临时工，以便使之融入企业文化。优步的临时工不仅可以接受培训，还能像全职员工一样不断地进行交流与反馈。

　　由于对此了解尚浅，大型企业迄今仍未找到得心应手的工具，以管理基于"项目"的工作。因此，跟踪此类工作的发生地点与进展方式颇具挑战。幸运的是，如今，这一难题已被攻克。当前，零工软件产业正以强劲之势发展，一系列的并购与 IPO 活动也是明证。例如，美国人力资源公司 Workday 收购了零工平台 RallyTeam，而思爱普（SAP）则收购了 Fieldglass。此外，自动数据处理公司 ADP 也收购了一家零工平台 WorkMarket。这样一来，客户便可借助 WorkMarket 系统的专业技术，直接从其人力资源系统中挑选员工。随后，ADP 又收购了一家名为 Global Cash Card 的支付公司，解决了零工薪资的实时支付难题。

　　更有趣的是，这次疫情谱写了零工工作的新篇章。物流技术公司 DoorDash、优步以及数以百计的零工提供和服务公司的涌现，使一些帮助管理日程安排的中介工具（intermediary tool）应运而生。其中，Legion 便是一家颇受欢迎的公司。它利用人工智能技术协助用户安排各类零工任务，从而优化零工收入。

　　比方说，在 Legion 的人工智能驱动平台上，你可以同时受雇于星巴克、皮爷咖啡（Peet's Coffee）和菲尔兹咖啡

（Philz Coffee），并接受各具特色的工作培训。此外，该平台还会根据你的身份认证信息，安排三家公司的工作日程，以便你能在不同的公司轮换工作。比如，早上去星巴克，下午转到皮爷，第二天去菲尔兹。如此一来，工作安排就变得井然有序了。

零工工作数量的逐渐增加揭示了一个原因：人们渴望赚取更多财富。正如空白支票公司 Z-Work 联合董事长道格·阿特金斯（Doug Atkins）在接受《财富》杂志采访时所说："零工岗位为那些人脉匮乏但工作表现出众的人才提供了难得的机遇，使他们得以触及过往难以企及的职业领域；同时，还为全职妈妈们提供了利用原本无法变现的技能创造收入的途径①。"

现如今，"拥有一份职业"的观念正在迅速消失，因为我们可能会"拥有"一份职业并在多个地方辛勤耕耘。然而，这也带来了一个问题：作为雇主的你，究竟是赢是输？

如今，正是在贵公司推行此模式的大好时机。施耐德电器与联合利华公司便紧跟潮流，构建了一种类似于专业服务公司的运作模式。例如，若公司主管需要项目协助，便可在线发布项目，让感兴趣的雇员申请参与。而对于这些雇员来说，他们在项目中的表现将助其获得更高的薪酬和职位。毋庸置疑，零工经济教导我们如何重新设计组织，且其发展之势令我们始料未及。

---

① "新 SPAC 公司 Z-Work 的不寻常目标：零工工人"，《财富》，肖恩·塔利，2021 年 2 月 15 日。

　　为什么推行此模式很关键？正如财捷集团（Intuit）的人才发展部副总裁休梅拉·沙希德（Humera Shahid）在 2021 年的一次媒体访问时说："商业环境变化之迅猛，胜于历史上任何时期。若不全力以赴，协助员工掌握公司成长必备技能与知识，便难以取胜。因为这些都是关键所在。"随后，沙希德接着说："我们应该如何获取这些技能？培养、购买或租赁。"

长寿将进一步推动这一转变

　　这一转变还有另一个重要驱动因素：长寿。长寿是科学赋予我们的无价之宝，尽管我之前还提到过幸福感的问题。不得不说，我们的寿命越来越长了。据说，美国人口增长最快的是 80 岁及以上的老人[①]。另有一项估计显示，50% 的千禧一代都有望成为百岁老人。对于像我这样年过六旬的人来说，如果目前身体尚且健康，就有 50% 的概率活到 90 多岁。

　　经过新冠疫情的冲击，2020 年时，婴儿潮一代的退休人数创下了历史新高。然而，许多 60 岁以上的老人并未心怀传统意义上的退休意愿，反而将之视为一个过渡阶段：不少人仍然希望从事全职或兼职工作，继续发挥余热，传承智慧，分享毕生所学。

　　在当今劳动力稀缺的背景下，企业面临如何将长寿红利（longevity dividend）转化为自身优势的挑战。也就是说，在为

[①] 《2019 年按年龄、性别、种族和西班牙裔划分的人口估计》，美国人口普查局，2020 年 6 月 25 日。

下一代创造机会的同时，如何最大限度地发挥老员工的知识、经验、眼光和技能？如何让老员工以老有所为、老当益壮、老有所成的心态，继续为公司效力？

最近，我和一家大型制药公司的高级人力资源副总裁相谈甚欢。谈话中，我了解到，该公司某个大型业务部门由一位60多岁的总经理掌管。公司有意提拔一位年轻有为的雇员接替其职位，同时让这位老员工转任顾问、行业专家（subject-matter expert，SME）、团队领导人之类的新角色。无奈，这位老员工不愿离任。这令人力资源部门左右为难：如果将之解雇，公司大可以提拔一名潜力无限的新员工，但同时也失去了一名经验丰富的老将；如果任由他继续留任，公司将错过一颗冉冉升起的新星。

伴随新银发一代（gray generation）的到来，诸多创新性解决方案也应运而生。例如，跨国连锁药店CVS便开发了雪鸟计划（Snowbird program），允许年长的药剂师在冬季旅游旺季前往阳光充足的地区工作，如佛罗里达州[①]。米其林则允许55岁及以上的工人保留工作，同时减少其工时。宝马和其他德国公司也通过提供大字体设备、舒适座椅及其他70多项小的改善措施，为年长的制造工人重塑工作场所。以宝马为例，只需投资5万美元，工厂的生产率便提高了7%，且缺勤率几近为0。

---

① "年龄溢价：留住年长员工"，《纽约时报》，葛林豪斯，2014年5月14日。

一家势不可当的公司，必然会摒弃年龄偏见，提倡跨世代多元性（generational diversity）。这非但符合情理、合乎道义，而且还能让全公司获益无穷。研究表明，跨代、多元的团队更具创新精神，更有安全感，更能营造合作氛围[1]。随着各个组织对工作进行反思，最具前瞻性的公司将充分利用长寿红利之优势，保留老员工的宝贵经验、技能及专业知识，令整个公司的业绩更上一层楼。

 ## 挑战：开辟招聘新路

要想紧跟时代，转变步伐，把握机遇，就必须对招聘模式进行改革。要知道，公司不能仅因岗位频繁变动而盲目填补空缺，反而应该选拔大有可为、通权达变、志同道合、精力充沛的人才。这意味着我们要抛弃偏见，摒弃传统招聘模式，转变对工作绩效的评判标准。

想一想，在招聘过程中，存在哪些陈腐偏见？

打破偏见：教育与出身

毋庸置疑，我们过于高估教育背景的重要性。大部分企业在某种程度上过分依赖校园招聘，有时还会跑到公司高管的母校选拔人才。尽管这种方法在某种程度上行之有效，但有研

---

[1] "只有皮毛？重新审视多元化的商业案例"，德勤会计师事务所，2011 年 9 月。

究表明，它并非发掘杰出员工的最佳途径。咨询公司安永发现，绩点和学位的高低，与工作的最终成就几乎毫无关系。因此，他们现在采用预先雇用模拟（preemployment simulation）评估候选人是否适合岗位，而且模拟测试皆在真实工作情境中进行。联合利华也通过相同方法，发现了类似的结果。

我有一个客户是一家大型保险公司，也曾深入研究过工作绩效。他们发现，要预测一位雇员是否具备金牌销售的潜力，讨喜程度、性格和实际工作经历等因素远比教育背景更重要[1]。其研究表明，从社区大学出来的应聘者往往比名牌大学的毕业生更具有毅力和创新精神。

AnitaB.org 是推动女性进入技术行业的领导者。我曾与该组织的一名女高管有过一次非常有趣的对话。她回忆道，20世纪 70、80 年代，苹果公司（她之前所在的公司）聘用了许多工程师、设计师和生产工人。这些人热衷于设计、充满活力而且经验丰富，却未曾接受过高等教育。值得一提的是，在当时的苹果公司，女性、少数族裔和非高学历人群的比例相当可观。

然而，进入 20 世纪 90 年代，随着谷歌、元宇宙、领英和其他网络公司的纷纷涌现，公司们开始注重招募斯坦福大学、麻省理工学院以及伯克利大学等顶尖高校的全 A 级人才。于是，高学历傍身的应聘者就此展开了激烈角逐。竞争可谓残酷，以至于没有一流院校颁发的计算机专业学位，根本就没有

---

① 《合适的科学》，德勤子公司贝新，乔什·贝新，2014 年。

机会跻身谷歌、元宇宙这样的公司。

后来，谷歌和元宇宙都意识到了这一问题，开始大力推广数据驱动招聘计划。于是，这两家公司简化了面试流程。在招聘过程中，他们不仅仅关注求职者的专业技能，而是更多地将注意力放在其工作激情与动力上，借此寻找契合组织文化的候选人。这表明，在两家公司供职，仅凭专业技能已经不够。

近期，联合利华采用了一套新颖的招聘系统，以类似游戏测评的方式考察应聘者的数学、写作和思维能力。另外，公司还运用基于神经科学的评估工具，从而大大提升了招聘质量，并基本消除了教育背景在招聘过程中的影响。接着，联合利华通过视频面试，评估应聘者的工作风格、沟通能力、诚实度和性格特点（现如今，视频面试软件能够通过面部表情识别谎言和夸张的说辞）。最后，公司会安排应聘者参加多位候选人的工作会议，以测试其在解决问题和团队协作方面的表现。一系列流程下来，联合利华几乎完全摒弃了学历歧视这一陋习，同时也为公司带来了前所未有的多元化人才。

打破偏见：经验论

在注重工作而非职业的当下，直接经验显得有些微不足道。然而，大多数新任管理者仍将之奉为圭臬。当他们不确定如何为某个岗位选择雇员时，往往倾向寻找那些曾从事过相关工作的人。或许，这种做法在工业时代还说得过去，毕竟像炼油厂焊接工这类的职业技能可以在不同公司间通用。

然而，当今时代，经验的价值并不如人们想象得那般高。

对于大部分岗位而言，应聘者的学习能力、协作精神和创新能力比直接工作经验更重要。通过对几家颇具影响力的招聘组织进行研究，我们发现其最卓尔不群之处在于，可以吸引有抱负、有情怀、有潜力的人才，而非仅具备直接工作经验的人。

除此之外，过分重视经验也有悖于企业创造人才流动的需要。因为一旦某一职位空缺，那些持这种偏见的管理者便会将目光投向公司之外。然而，在百胜餐饮、安联保险、IBM、好事达保险和联合利华等公司，更注重内部经验而非外部经验。因为它们深知，企业内部积累的知识远比专业技能更珍贵。

让我们看一个相当惊人的发现。大型信息技术和技能培训公司 General Assembly 采访了一系列金融服务客户，以了解他们在招聘软件工程师时所面临的挑战。结果发现，为了争夺这些炙手可热的技术人才，企业需要付出巨大的代价：不仅要支付高达薪水 40% 的合约雇佣费用，还需要投入大量资金用于招聘广告和新员工奖金。更糟糕的是，由于不提供优先认股权（stock option），大部分被招募来的技术人才只会待上一两年，就跳槽走人了。

基于此，这些公司决定另辟蹊径。他们将目光投向企业内部，成立了一所汇聚数学、心理学及其他专业领域人才的训练营，以培养他们在软件工程领域的技能。渐渐地，这些企业发现，只需 12~24 个月的营地训练，成员在技术和能力上就能与外部雇员旗鼓相当了，而相关花费仅仅是雇佣外部雇员的 1/6。这一事实揭示了什么？——在招聘时，我们不能只看重应聘者的经验，更应该关注潜力。

⛰ 创新：量身定制

在招聘雇员时，一些势不可当的公司已经开始以员工与工作目标的契合程度为标准，而不再看重教育背景、工作经验和专业技能等传统标准。我将这种方法称为"量身定制"（select to fit）。这就要求企业挣脱固有观念的束缚，重新审视何为优秀员工。

以美国东北部的一家中等规模专业零售商邦顿百货为例。该公司希望提升化妆品部门的业绩。毕竟，在零售行业，化妆品向来利润丰厚。按照业内的传统观念，穿着得体、仪表堂堂、对化妆品熟悉的人才能够销售得好。为了验证这一理论，邦顿百货聘请了一家咨询公司进行分析，并将所有的柜员按照销售业绩分成两组（业绩前 10% 的为一组，剩下的为一组），以找出真正区分金牌销售的特质。

令人惊讶的是，零售业长期以来自诩的金牌销售特质几乎皆为虚幻。身高、体重、眼睛和头发颜色等身体特征都与销售毫无关联，甚至过往的销售经验对于预测金牌销售也不是那么重要。相比之下，认知和快速分析能力，才是衡量金牌销售的最佳标尺。

高层们大为震惊。因为之前很少有人意识到，卖化妆品竟然是项消耗大量脑力的工作。实际上，销售人员要快速地判断顾客需求，并从自己所掌握的数以千计的产品选出适合顾客的进行推荐，同时还要分析顾客对所推荐产品做出的反应——销售中要不断重复这一流程。

邦顿百货利用这些真知灼见，对其筛选、评估和招聘过程进行了全面调整。如今，公司已经摒弃了固有的陈旧观念，开始从应聘者与工作的契合度进行筛选。

同样地，连锁电影院 AMC 也在推行类似的量身定制策略[①]。该公司主要赢利来源为爆米花、糖果、饮料等配套零售品。原因在于，尽管售卖电影票能产生收益，但该收入常与版权费用相抵消，故配套零售品成了公司的主要收入来源。

为评估配套零售品销售的驱动力，AMC 调查了所有电影院，发现了一种独特的模式：配套零售品销售额最高的电影院，其员工的敬业度与留存率也最高。换句话说，员工愉快，顾客自然满意，销售业绩也随之提升。通常情况下，高销售额与城市规模、社区富裕程度等因素相关。然而，无论身处何种城市、何种社区，或置身何种环境，员工满意客户也就满意，这一关系始终成立。

为使全部院线均能仿效这一模式，该公司的首席人力资源官启动了一项全国范围内的员工培训项目，以使顾客享受宾至如归的感觉。但是，在接下来的几个季度里，配套零售品的业绩并未发生太大变化。

究竟何故？后来，这位首席人力资源官向我坦言："我无法通过培训使员工快乐，我必须雇用那些本身就快乐的人！"[②]

经过对应聘者筛选过程的评估，他发现，AMC 招募员工

---

① 《合适的科学》，德勤子公司贝新，乔什·贝新，2014 年。

② 《合适的科学》，德勤子公司贝新。

的主要依据是绩点、学位、课外活动参与情况和服务工作经验。诚然，这些"偏见"有一定用处，但不管怎么说，只有那些对电影有热情、喜欢电影院、愿意帮忙的人才是最适合 AMC 的。

在外部顾问的协助下，AMC 重新设计了雇员的筛选过程，并着手物色那些热爱电影、剧院和服务的人才。不过数月，以往的偏见模式就被这种量身定制的模式取而代之，销售业绩也因此大大提升，还吸引了众多回头客。接下来的一年，AMC 迎来了公司有记录以来收益最好的一年。

踏实前行

请与贵公司的领导和团队交流以下问题：

1. 最后一次审视职位架构是何时？是否对各职位的重复性、职责范围及发展机遇进行过评估，使整个架构愈发简明清晰？

2. 公司依据何种标准对员工进行奖赏？是才能、履历和声望，还是资历、地位、人脉和职称？

3. 在"重塑"工作的过程中，员工享有多大程度的自主权？服务及支持人员是否能够独立处理问题而无须请示？有没有什么策略能让员工与团队分享创新成果，从而激发他人的灵感？

4. 员工是否有时间反省自身工作并将其提升至更高境界？还是说，组织内部人人都忙于应付琐事、奔波劳碌，无暇顾及自身？如何培训管理者去设定目标并管理团队？

5. 员工是否能够毫无顾虑地在不同团队和小组之间自由切换？如果在新的团队中失败了，他们可否重返原有岗位？公司是否提倡定期、且不涉及晋升的岗位轮换？你有没有跟大家讲过类似的励志故事，比如有些人在进入新岗位后，凭借不懈努力与卓越专业技能，从而获得了成功？

6. 领导层是否具备成长型思维模式？他们是否真的相信，员工能在不同角色、不同团队中实现转换，从而逐步走向成功？抑或，他们更倾向招聘那些历经磨砺、丰富经验的候选人，并在需要人手时习惯从外部招聘？

7. 公司是否相信持续发展的理念？领导人和管理者是否鼓励员工学习新技能、新手艺或新本领？还是说，每位员工都应"自主规划职业生涯"？

行稳致远

招聘是企业经理和人力资源主管的首要职责。然而，在与他们的交流中，许多人坦言，约半数时间都在走弯路。大部分企业在招聘中仍受制于偏见，而非考虑实际情况。

那么，如何在招聘过程中避免误入歧途，形成势不可当之效呢？

拥抱激情、活力和使命感

卓越的组织皆高度自觉。他们深谙成功法则，并善于吸纳志同道合的人才。事实上，势不可当的公司在招聘时，不会墨守成规；相反，它们会打造出独具特色的招聘模式，以选拔出与公司理念契合的员工。

例如，美国西南航空公司在招聘时会要求应聘者讲笑话，因为该公司深知富有幽默感、心中有爱之人对公司的成功至关重要。

同样，秉持"以可持续的方式提高家庭生活质量"为使命的宜家也是如此。在招聘过程中，宜家会要求应聘者描绘它心中可持续发展的愿景。正因如此，那些关注可持续发展、集体思维和相依决策（interdependent decision-making）的人才得以在宜家文化的滋养下茁壮成长。宜家在员工保留率上超过了星巴克，其大部分原因在于宜家深谙招聘之道，将精挑细选的原则贯彻始终。

保持工作流动

诚然，各行各业皆在反思工作的本质，并从更广泛、深远的角度诠释员工与工作的契合度。在克利夫兰医学中心，医生和医疗专业人员会不分等级地在项目之间自由转换；在戈尔公司，只要团队需要援助，雇员就可以随时加入；在元宇宙公司，员工可以同时参与多个项目，甚至周末自愿投入心仪的项目。这种灵活性正是职业和工作解耦的精髓。

制订清晰透明的目标

在一家强调"是工作，不是职业"的组织中，以计件方式考评雇员工作成果几乎不现实。此外，大多数研究表明，以

计件为基础的财务目标会导致产品质量下降、创新乏力，甚至诱使员工走向歧途[①]。

以富国银行为例。该公司曾将一系列强制销售目标施加于雇员。由于其中很多目标难以达成，为完成任务，雇员纷纷投机取巧，如开设虚假账户等。不言而喻，这些举措严重损害了富国银行的品牌形象。而造成这一现象的罪魁祸首是什么呢？正是自上而下、基于等级的销售目标。

势不可当的公司已经通过 OKRs 取代了这种陈旧的目标设定模式。在 OKRs 模式中，企业高层把握发展方向，明确轻重缓急，制订年度预算与计划。但是，在此过程中，部分团队可以根据自身预期与现实条件，提出若干自下而上的小目标。

就在几年前，人们还认为这种灵活的目标设定方法难以实现，主要原因是许多公司所开发的一些软件工具（如 Success Factor、Oracle 等）仍停留在以前的模式上。我曾采访过几十位按照自上而下模式制定目标的企业高管，他们坦言，为确保各团队能够将公司由上而下的年度计划付诸实践，每年的一月份，整整一个月时间，都要用于给团队做工作。

实际上，这会引发一系列问题。

有位来自硬件制造业的客户曾向我倾诉，由于年终奖与既定的年度目标紧密相连，因此公司内部几乎没人愿意在年中调整目标。一旦公司某供应链环节出现问题，受制于最初的目

---

① "当目标设定变糟时"，哈佛商学院官网，肖恩·西尔弗索恩，2009年3月2日。

标设定，让员工重新确立目标、达成共识要花费数月之久。

相关研究表明，具备自主设定目标能力的人往往志向远大、意志坚定、事业有成[1]。因此，英特尔首创的OKRs目标设定模式引人关注。该模式允许员工连续制订5~7个目标，部分易达成，部分则颇具挑战性。所有员工都能在公司网络平台上查看这些目标的完成情况。不仅如此，随着时间的推移，员工还会潜移默化地将这些目标与公司的规划和项目紧密联系在一起。

随着各种新兴软件工具的涌现，目标设定过程日臻完善。例如，团队可以借助如 Jira、Basecamp 等敏捷系统，对项目进度进行更新、分享和沟通。因此，这就要求团队必须制订清晰、透明的目标——所有人都应以这些目标为己任。

留出闲暇时间

在职业型向工作型转变的过程中，公司应该及时地为员工提供休息、反思和调整工作的机会。研究证实，"磨刀不误砍柴工"，适时的休息有助于工作效率的提升。毕竟，人们只有精力充沛的时候，才能在工作中火力全开、如有神助。毫无疑问，这对公司的员工配置提供了宝贵的启示。

卓越职场研究所（Good Jobs Institute）的泽伊内普·托恩（Zeynep Ton）发现，那些通过增加额外班次以扩大门店，并赋予雇员更多闲暇时间的零售商，其赢利能力远超通过裁员

---

[1] "势不可当的组织的五大要素"，Forbes.com，乔什·贝新，2014 年 4 月 4 日。

节约成本的同行。例如，西班牙国民超市 Mercadona 和美国零售巨头开市客（Costco）的员工数量，相较竞争对手多出20%~25%，然而其赢利能力更加强劲。要知道，只有拥有一定的闲暇时间，员工才可能在货品陈列、顾客沟通，以及与同事分享工作心得方面投入更多的精力。

这类公司在雇主评价网站 Glassdoor 上获得了雇员的高分评价，说明闲暇时间对雇员的工作态度具有重要影响。

通过研究企业对疫情的应对情况，我们发现，雇员的身心健康水平也是衡量高绩效组织的关键指标[1]。鉴于疫情来势汹汹，这一发现似乎显而易见。然而，我们对这一观念的理解，并非仅限于公司对工作场所的消毒措施及社交距离的规定。每位员工皆是生活与工作相互交融、相互影响的个体，因此，员工的生活状况与企业的绩效息息相关。因此，雇主必须深入了解雇员的世界，倾听雇员的心声。

酿酒制造商百威英博（Anheuser-Busch InBev）已将对员工的调查频率从每半年一次调整为每周一次[2]。除此之外，为确保员工的心声被组织听到，众多企业已经实施了拓宽沟通渠道的项目，如印度信实公司的 My Voice 和德国电信的 WhatsApp groups。值得一提的是，传奇影业公司还为员工订阅了冥想和心理辅导课程，以助其保持良好的心态。

----

[1] 《商业韧性：新型冠状病毒肺炎全球大流行应对研究》，乔什·贝新公司，2020 年。

[2] 采访自百威英博的高管们，2020 年。

交叉培训、边工作边学习

诚然，从职业向工作的成功转换离不开良好的学习氛围。如今，势不可当的企业正以超乎想象的速度增加对员工培训经费的投入，并愈发重视员工的个性化体验。据悉，某些组织一年就要在此领域耗资 825 亿美元 [1]。

在众多培训中，"为工作学习"和"数字化"的培训备受青睐。以维萨学院（Visa University）为例 [2]。在 20 世纪 60 年代初期，维萨已经在业界独占鳌头，无须借助创新推动自身发展。然而，在过去的十年里，维萨遭遇了激烈的竞争，因其不仅要应对老对手美国运通和万事达的挑战，而且还面临诸如苹果维护、谷歌、贝宝、Square 和 Venmo 等新兴电子支付公司崛起的冲击。渐渐地，随着区块链技术和数字加密货币的问世，维萨对自己在这一新生业界的地位不再那么底气十足。

在传统的组织模式下，维萨公司的首席执行官和高管团队负责制订计划，并将实施要领传达给部分员工。然而，若这些员工存在理解偏差，后果将不堪设想。如今，维萨已经彻底颠覆了传统模式——全面倡导创新、学习和创造性思维的培养。

渐渐地，维萨学院已成为世界一流的线上平台，不仅提

---

[1] "2020 年培训行业报告"，《培训》，洛瑞·弗赖费尔德，2020 年 11 月 17 日。

[2] 《案例研究：维萨在行业变革中打造学习型文化》，德勤子公司 Bersin，杰夫·迈克和艾米丽·桑德斯，2018 年。

供创新思路、知识共享、在线学习，还定期发布最前沿的数字学习工具。除此之外，公司还提供时间和平台，以满足员工个性化自我提升的需求。在平台上，公司全体员工皆可通过平台进行课程设计或分享个人心得。近期，公司在平台上推出了一系列热门课程。其中，"熟悉数字货币"的课程备受瞩目。无数应聘者蜂拥而至，只为掌握这项新业务。

促进和支持人才流动

鉴于当今职场瞬息万变，仅仅强调学习能力还远远不够。因此，势不可当的组织需要构建一套独特流程，以激励雇员在不同团队、项目和工作中自由切换身份。如果公司仍旧墨守成规，这种人才流动就会受限。

一位全球消费品公司的人力资源副总裁曾向我透露，如果一位大有可为的员工接管了某一新部门，却未能确保其正常运转，这常常意味着组织领导层出现了决策失误。遇此情况，这类员工通常不是从中吸取教训、重整旗鼓，反倒会主动辞职，舍弃公司高层职位候选人的身份，投奔竞争对手。

如今，掌握企业核心专业技能的人才，如工程师、产品负责人、设计师、客户服务人员等皆备受尊敬。各团队都想依托这些专业人才化解困境。因此，为能促进这种"横向"调动，企业可以构建一套不以职位晋升为导向的奖赏制度，从而踏上势不可当之路。

作为全球发动机制造商的领头羊，康明斯（Cummins）积极倡导人才内部流动。公司深信，经验是最佳导师。一位雇员表示，这种重视使康明斯成为一座"学习绿洲"。对于公司大量员工的跨职能转岗，他大为赞赏，同时也盛赞公司领导者胸怀广阔，在人才认定上完全不以专业背景为衡量标准[①]。毋庸置疑，这些措施不仅为员工提供了学习机会，同时也提振了员工的工作士气。

那么，组织如何确定雇员应该在何时接受另外一份工作，以及新工作是否适合他们呢？在过往的工作模式中，员工去留受管理者的操控。我甚至认为这种陈腐模式建立在了员工所有权的基础上，即员工必须获得管理者的批准才能离开所在小组，而这往往有利于实现管理者的利益最大化，而非员工的利益最大化。

今天，以千禧一代为主力军的广大人群，时常渴望寻求新工作和新机遇。我们对雇员敬业度和绩效的实证研究显示，雇员对职业生涯成长和曝光率的追求要远远大于对薪资待遇的追求。面对这一新事实，诸多公司纷纷行动起来，助力员工在职业生涯中持续发展，包括规定管理者不得阻挠员工跳往其他团队。据我所知，某家公司对管理者附加了特殊考核，即根据员工从原组迁移至另一组的晋升率来衡量管理者的表现。

经过数年耕耘，联合健康和英格索兰已经成功建立了重要岗位的"成功档案"（success profile），使员工依据对其他岗位的认知，判断自身能否胜任，进而申请新岗位。

[①] 采访自康明斯员工，2017 年。

美国电信巨头美国电话电报公司（AT&T）和澳洲电信还向雇员推出了职业生涯指导服务，以协助其发现新机遇。部分公司，如辉瑞、通用电气等，也建立了内部工作网络和任务网络，让员工依据自身的能力竞标工作机会。例如，曾受限于研发团队的科研人员如今能够运用网络为其他人提供协助。

诚然，这些举措不仅为组织带来了诸多裨益，还使组织更具韧性，更能适应错综复杂的环境，同时也更能激发员工的敬业度与创新意识。

一家大型医疗保健公司的首席学习官这样说："我对我们的管理者说，'你们没有自己的员工。你们只是在看着他们罢了。他们都是组织的人，所以每个人都必须全心全意为组织效力，而非仅为个人利益服务。'"现如今，管理者不再是老板，而是教练、顾问、伯乐和人才孕育者。

令人欣慰的是，在实施这些变革时，企业高管通常不会遇到太大的阻碍。记住，要鼓励雇员勤于四处游历；消除等级森严的职称，减少层级数目；依据员工提供的服务和专业技能支付工资，而非其任职时间长短或职位高低；激励、奖励或迫使管理者支持下属离开团队，甚至可以通过团队跳槽人数衡量管理者的表现；为雇员提供职业生涯指导服务……

总而言之，只要贵公司将以上措施落实到位，员工的焦点便会从职业转向工作本身，组织发展便如虎添翼、一往无前。

3

是教练，不是老板

> "管理是助人走向成功的阶梯。依此行事,你便是管理大师。"

——克莱顿·克里斯坦森(Clayton Christensen),哈佛商学院教授、《创新者的窘境》(*The Innovator's Dilemma*)作者,2013 年。

苹果和贝宝，大家都耳熟能详。然而提及奥地利第一储蓄银行（Erste Group），大众或许还不甚了解。这实属不该。面对苹果和贝宝的挑战时，这家拥有200多年历史的欧洲银行并未坐以待毙，而是巧妙回应，制定了行之有效的决策——培训。

没错，就是培训。作为中欧多数国家的主要金融机构，奥地利第一储蓄银行拥有45 000名员工，近5000家分行，服务近7000万名客户。这家银行深知，唯有躬身自省，方能在未来200年屹立不倒。为此，该公司秉持"70—20—10"法则，鼓励员工将部门经理视为教练，用70%的时间应对挑战，用20%的时间开展协作，用10%的时间参与职业课程和培训项目。

这一锐意进取的培训指导模式，不仅鼓励员工在工作中学习、尊重每位员工的才能，还给予员工恰如其分的奖励。更重要的是，该模式建立在"成长型思维模式"之上，即相信"人人皆有不断成长"的潜力。然而，若员工渴求自主权，则管理者的角色将面临被颠覆的境遇。本章将揭示这一点。

▲ 转变：是教练，不是老板

当今，关于领导力的书籍多如繁星。每几年，就会涌现一批超越同行的业界新秀。于是，人们便将这些公司的领导者（如史蒂夫·乔布斯、杰克·韦尔奇、杰夫·贝索斯等）奉为今后几十年效仿的楷模。

对于领导力模型（leadership model）及相关的心理学研究，此处不再逐一讨论。我只想陈述一下我从多年实践中洞察的部分规律。

第一，领导者并非完美之人，盖因世上无完美之人。领导者的职责并非确保事事完美，也非做出稳操胜券的决策，更不是对员工进行事无巨细的指导。相反，出类拔萃的领导者应懂得如何激发属下的最佳潜能，以便最终让企业因员工的成长而获得蓬勃发展。

赛贝斯（Sybase）的一位朋友曾对我说过："公司应该适应员工，而不是让员工适应公司。"如果团队精神高涨、员工团结一心，不断推陈出新，企业的实力必将更壮大，发展速度随之加快，产品和服务品质不断提升，公司为客户提供更优质的服务和支持，客户满意度也会随之提升。这个道理显而易见。

第二，适应某一时期的领导者未必能适应下一时期。一次，思科的人力资源副总裁向我透露："对公司领导梯队进行深入的研究显示，领导者可以分成四类：①擅长开创新业务的；②擅长扩大并增长业务的；③擅长修复和扭转业务的；④擅长关闭和重组业务的。曾有一段时间，我们尝试将员工调至不同的岗位，以期培养他们成为全能型的总经理。不过，最终我们发现，最优秀的领导者通常会待在自己擅长的领域。据此，我们着手为其安排合适的部门，以便各施其能、各尽其才。"

换言之，所谓可以培养全能型总经理的想法是行不通的。事实上，最出色的领导者往往专攻某一领域，懂得将其专业知识运用于实践之中。

第三，领导者可以对企业文化、员工敬业度及工作效率产生巨大的影响。我已目睹过无数因领导者安排不当而导致团队、项目和公司深受负面影响的例子。一旦出现这种情况，公司业绩难免会受挫；员工也会浑浑噩噩、颓废消沉，进而可能将辞职提上日程，为企业文化带来重创。当然，我们都期望领导者能成为商界领袖、卓越的决策者和项目负责人。但不管怎样，他们首先应该是企业文化的杰出推动者。毕竟，领导者的一言一行、爱憎喜恶皆会对下属产生深远的影响。

基于上述三个发现，我们不得不承认，领导方式正在经历着翻天覆地的变化。随着弹性工作制日益普及，尤其是面对面管理（或称"越肩式管理"）模式已不像过去那么普遍。曾经盛行的由脾气暴躁、年纪较长的白人男性居于公司首席执行官之位、一统天下的年代也已成为历史。

要知道，几乎85%的企业股票市值都建立在创新、知识产权、服务及品牌的基础上。得益于科技的推动，即使是一家籍籍无名的小公司，也有望超过行业巨头。正因如此，人们皆在寻求工作的意义、方向和价值，所需专业知识和技能的种类也在以前所未有的速度发生变化。那么，适应这一新时代的领

导力模型究竟是什么呢？答案很简单：领导者即教练。

在网络型团队中发挥领导力

如果你认同我的观点，即企业是一个网络，员工可以同时应对多个项目，且企业职能部门的重要性已不如从前，那么，当今的领导者应该扮演怎样的角色？

他们是战略的引领者、项目的主导者、员工成长的助力者、业界专家和创新人才的伯乐，以及项目管理者。此外，领导者还必须精通网络型团队的运作机制，深入了解公司的赢利模式，并且需要拥有领导力，能够说服员工按照既定方向行动，而不仅仅是告诉他们该做什么。在人事方面，领导者需具备明察秋毫、任人唯贤的能力。然而，要了解当今领导者应该扮演什么角色，最简便的方法便是将领导者的定位从老板转变为教练。

诚然，领导者和管理者仍是不可或缺的角色，但其工作职责、方式和观念必须转变。毕竟，大老板坐在办公桌后，向下属发号施令、进行年度考核的日子已经一去不复返了。

我常思索，在势不可当的企业中，管理者的职责应确保完成工作，而不是去发号施令。因此，未来的公司将出现两类管理者：负责项目和工作实施的管理者，负责领导和培训的管理者。后者即所谓的"员工领袖"（people leader）。既然"管理者"的工作说明书已然发生变化，那么现如今，公司也应采用不同的方式对这些角色进行描述。

在戈尔公司，员工领袖被称为"保荐人"（sponsor）。保荐人的职责在于了解员工，洞察他们的优劣之处，助其取得成就，并扶持他们开拓新角色、发掘新职位、开创新的职业生涯。保荐人虽无"掌控"员工升职加薪的权力，却负有推动每个人职业发展的重任。

在某些顾问公司中，员工领袖通常被称为"职业顾问"（career advisor）。其职责包括协助雇员寻找下一步的项目，为其晋升提供支援，并根据雇员的工作表现、声誉和技能提供公正的反馈。尽管职业顾问并不掌控员工的工作时长，也无权对员工的日常工作提出具体的要求，却能助力员工成就一番事业。值得一提的是，那些曾接受职业规划辅导的员工，也会参与到其职业顾问的业绩评估中来。

在流媒体音乐平台声破天（前文提及，采用敏捷模式）中，负责管理员工的人被称为"圈子领导"（circle leader），或职能领导。虽然每位员工的薪酬与晋升由项目负责人决定，但最终的员工培训由职能层面完成。

一旦领导者将自身角色定位成教练，便可设定清晰务实的目标，将员工分配到适合的工作岗位上，并定期对其成长和进步给予反馈。除此之外，他们还应该为员工提供源源不断的学习机会，帮助他们开阔视野、拓展技能，以提高工作绩效。这意味着，企业必须重新构建已被割裂的绩效管理流程，使之符合新的领导理念。

有一次，一家行业领先的医疗保健提供商的首席人力资源官曾这样告诉我："我对所有领导说，他们的职责并非'管理'和'控制'手下员工，而是'培育、塑造、提升'他们。

员工是公司的，不归领导所有。领导的职责是确保每位员工都能取得成功。公司再依据每个领导手下员工受提拔的人数、晋升至更高级别部门的人数等方面，对其领导能力做出评估。"

要知道，领导者对员工敬业程度的影响不容小觑。雇主评价网站 Glassdoor 曾进行过一项预测企业雇佣口碑的研究。结果揭示，员工对于领导者的认可度甚至比薪资更具分量。对此，企业应该认真对待。过往，公司常根据员工的任期与专业水平将其晋升至领导层；但今后，公司所需的领导者应是真正擅长如何培养员工的人（见表 3-1）。

表 3-1　过去和现在的管理模式

工业时代	数字时代
通过规模实现差异化	通过速度实现差异化
领导者负责管理	个人和团队负责管理
自上而下的目标和方向	自下而上的目标和方向
关注产出和表现	关注一致性和服务
竞争性文化	互相依存和合作文化
通过注重规模、质量和流程来获得成功	通过实验、迭代和不断改进来获得成功
层级进行决策	团队、个人和网络进行决策
通过任期和级别来发展个人权力	通过合作、经验和知识来发展个人权利
重视向上调动以获取权力	重视横向调动以获取权力
以公平平等的原则给予奖励	根据个人表现给予奖励
竞争和匮乏的文化	丰富和成长的文化
通过权威进行领导	通过影响力进行领导

资料来源：乔什·贝新公司，2021 年。

近来出现的一种以人为本的领导模式颇受青睐。该模式推崇企业领导与社群、社会及地方经济相结合，以此促进企业与社会各方面协同发展。

如今，领导者能够成功是因为其具备率先垂范、授权员工、激发士气的能力，而非仅仅依靠职位、层级或头衔。在势不可当的公司中，领导者深谙知人善任之道，并由此实现个人与公司的双赢。同时，他们还具备协调各方、发展网络型团队、巩固企业文化及坚守企业价值观的能力。

正如美国前国务卿科林·鲍威尔所言："拥有一批优秀的下属，方能成为一名优秀的领导。"此情此景，与那些坐在大办公室里对下属指手画脚的专横老板大相径庭。

在体育赛事中，那些杰出的教练能够激发每一位队员的潜力，使其在比赛中更加斗志昂扬、全力以赴。这是因为，他们深知运动员的特点，并能据此为其匹配合适的位置。比赛中，他们会给队员进行必要的细微指导，助力其能力提升，而不是等到赛季结束才提出"事后诸葛亮"式的评价。这些杰出的教练不仅能帮助队员专注于最终目标，还能引导他们思考一些从未想过的问题。这种独特的教练方式同样颠覆了商界传统的领导模式。

事实上，卓越企业领导人和杰出体育教练具备许多以下相似的特质：

第一，传达明确的方向。他们心中目标清晰，深知自己的心之所向，并擅长以明确的目标引领团队走向胜利。

第二，慧眼识珠、知人善任。他们洞察力非凡，能够预

见他人的潜能。他们了解每位队员的实力，为其安排最适宜的角色，让每个人都能发挥所长。

第三，制定制胜战略。他们具备化繁为简的神奇能力，能迅速捋清复杂问题的脉络，并通过观察团队表现，发掘个体优势，并将之融入团队战略布局中。

第四，专注塑造他人。他们擅长鼓舞团队士气，使之不断提升，为了成功而不懈努力。为此，他们通常聚焦员工的个人发展，关注其优势所在，把握成功机会，寻找助其能力提升的空间。

航空业中员工敬业度的差异

一提到有组织、有纪律的公司，人们便会自然而然地联想到航空公司。的确，许多航空公司的运营都有赖于飞行员、空乘人员、行李搬运员各方的协商认定（collective bargaining agreement）。因为一旦航班运行出现故障，导致延误甚至停飞，乘客们就会通过推特等社交媒体控诉，并将相关讨论标记上话题标签。这不仅会让航空公司声誉受损，也会让客户服务部门头疼不已。总的来说，尽管所有航空公司的核心业务雷同——运营飞机、销售座位、运送旅客，但各公司在员工管理方面大相径庭，这便造成了员工敬业程度的差异。

正如前面章节所述，美国西南航空公司在顾客体验净推荐值方面常常位居前列，其运行模式像极了网络型团队。在西南航空公司，每架飞机的机组人员便是一个独立的团队，各成员分工明确：有人负责准时起飞，有人负责飞行安全，有人负责餐饮服务，有人负责为乘客提供全面服务。为保障航班的正常运营和为乘客带来良好的客户体验，管理层授权团队成员在遵循法规的前提下自主决策、采取必要行动，以提升工作效率和质量。

这种授权团队并让成员承担责任的做法，往往会产生出乎意料的效果。在西南航空公司，为确保飞机准时起飞，飞行员常常会卷起袖子，协助空乘人员安置旅客行李。同样，空乘人员也会协助飞行员妥善安置乘客。这种团结互助的氛围让整个团队凝聚力和敬业精神倍增，乘客自然也能感受到这股积极的力量。

另一家备受客户好评的航空公司——捷蓝航空，也采用了类似的理念。该公司投入巨资开展内部培训，并成功创建了市场上名列前茅的企业大学。捷蓝航空员工不仅素质高，其职业生涯规划还获得了公司周到细致的指导。如此一来，领导层就肩负起激励员工不断成长的责任。

相比之下，不难看出，两家航空公司在领导模式上各有千秋。

最近，我与一家成立于1978年的美国知名航空公司的主管进行了交流。在谈话中，我发现这家航空公司在管理上颇为保守，仍然采用自上而下的管理方式，与西南航空公司"一架飞机即一支团队"的理念截然不同。近期，随着一系列削减退休金和裁员政策的实施，该公司的员工士气严重受挫，许多员工已不再对管理层抱有信心。在一次旅程中，坐在我身旁的一位飞行员告诉我，他根本不把公司管理层的话当回事。用他的话

来说："我是一个普通员工，我觉得工会才是我的真正代言人。"

还有比这更糟糕的管理模式吗？

最近，该公司迎来了一支新的管理团队，他们运用尖端科技，展开了一项针对员工工作态度的脉动调查。这份意见反馈项目让人耳目一新。在与该公司的高层领导、部分员工及飞行员的交谈中，我发现仅仅因为他们感受到管理层正在倾听，其敬业度瞬间就获得了显著提升。尽管该公司才刚刚踏上改革之路，但它已经开始着手调整整个领导模式和领导力培养计划——所有努力皆是为了让员工和顾客享受更优质的体验。

问题：支离破碎的绩效管理

绩效考核犹如为管理上了枷锁。目前看来，这一诞生于特定历史时代的管理方法已经过时。在《企业强权：杰克·韦尔奇再造奇异之道》（*Jack Welch and the G E Way*）一书中，作者描绘了通用电气的董事长兼首席执行官杰克·韦尔奇通过创建一套强制排名制度（每年，排名垫底 10% 的员工必须离职），强推严格的评价标准，并采用九宫格模型（见表 2-1）淘汰表现欠佳的管理者[1]。

然而，在调查中，我发现绩效考核仅在企业期望缩小规模并降低成本的情况下才能发挥效用。除此之外，该类考核只会制造

---

[1]《企业强权：杰克·韦尔奇再造奇异之道》，罗伯特·斯莱特（Robert Slater）著，麦格劳-希尔出版，1998年7月31日。

麻烦。尽管开展绩效评估、设定领导能力考核标准、组织团队讨论等措施至关重要，但就整套考核体系而言，它们已经过时了。更重要的是，这种基于目标的绩效评估可能衍生出诸多问题。

举个例子。2011年，德勤收购我所在的市场研究业务时，我们的常态收入约为1200万美元，并以每年约30%的速度增长。随后，德勤引入了许多新的管理人员，让团队规模几乎扩大了一倍。与此同时，德勤还为每个人设定了一套详细的目标——尽管只是5%的业务增长目标。

结果怎样呢？我们竟然没能达到增长目标。

什么情况？要知道，在此之前，我们一直怀揣开放豁达的心态，坚信自己的业务前景无限广阔，任何企业都可能成为我们的潜在客户。然而在德勤的目标管理体系下，员工们只关注完成自己的指标，无视市场中蕴藏的无限商机。时至今日，德勤的这一业务仍在走下坡路。

坦率地说，绩效考核制度本身就存在弊端。我在IBM、埃克森美孚和德勤就职期间，每年12月，管理者们都会发布一份年度评估报告，以审视我们的工作业绩，指明我们该如何如何来更好地提升自己；同时，还会公布对业绩不佳人员的评分。为了应对这场心惊胆战的会议，管理者们需要耗费近一个月的时间填写相关表格（而且，他们只公布结果，却很少对于个人获得的评价做出合理的解释）。

纵观45年的职业生涯，我大约参与了40多次类似的会议，但只有1次让我感到真正受益或有所帮助，将其他的称为"荒废时光""心力交瘁"丝毫不为过。有时候，在会议结束离

开办公室的那一刹那，我常常禁不住思忖，自己是否应该继续留在该公司。

2006 年，我们曾开展过一次大规模的绩效管理调查，请企业回答一个问题，即他们的绩效管理流程是以竞争性评估（competitive assessment）为核心，还是以培训和发展员工为核心？换句话说，是要淘汰员工，还是要帮助员工？结果显示，约有 76% 的企业选择了前者。这便说明，绩效管理流程在很大程度上是通过竞争来提高业绩的[1]。

然而，到了 2015 年，我们又进行了一次类似的调查，得出的结果却大相径庭。如今，超过 75% 的企业将绩效管理视为一种指导和发展的过程。显然，这一领域正在经历巨变[2]。令人惊讶的是，几乎有 81% 的公司认为，将员工进行分类、筛选和分级，并据此"公平地"分配工资预算，实际上是"浪费时间"。

创新：持续性绩效管理

埃德加·沙因（Edgar Shaw）是蜚声国际的企业文化研究权威。有一次，我问他，究竟是什么决定了企业文化及其绩效表现的关键因素。"很简单，"他毫不迟疑地回答，"卓越的企业文化的精髓在于员工之间的支持和互助。"

---

[1] 《高影响力的绩效管理》，贝新联合公司，2006 年。
[2] 《高影响力的绩效管理》，德勤子公司贝新，2015 年。

没错，就这样简单。将老板打造成教练。

请切记，管理者的表现很大程度上取决于他们所获得的激励，就像鱼缸中的鱼儿一样。假若我们期待领导者胜任教练一职，则应妥善评估他们在培养、回馈、自我完善、日益进步与不断求知方面的苦心经营，以给予相应的激励回馈。

有人认为，绩效管理的革命始于 2012 年的美国奥多比（Adobe）公司。随着奥多比重塑其云计算业务的整体模式，公司也重新定义了管理方式、领导风格及绩效考核制度——这一切皆以培训为核心。不过，在此之前，该公司便坚信，相较于一年一度的绩效评估，持续性绩效管理才是制胜之道。

目前，持续性绩效管理主要包含以下 7 个定义明确的步骤：

第一步，目标设定。可以使用 OKRs 模式创建短期或长期目标。

第二步，定期会谈。开展一对一的对话，讨论进展和困难，可根据个人需要确定会谈频次。

第三步，反馈和目标评估。定期审查目标进展情况，包括季度业务审查或其他审查，并提供个人反馈。

第四步，培训和发展。提出建议、计划和任务，帮助个人发展、改进和成长。

第五步，绩效评估。进行年度、半年度或更频繁的正式评估，通常要打分。

第六步，薪酬评估。进行年度或更频繁的薪酬评估，并随之调整薪酬。

第七步，开发计划和下一步任务。讨论并计划岗位轮换、

晋升、成长或下一项任务。

为了激发员工的工作热情，不管是护士团队、机组人员团队、设计团队、销售团队还是工程团队，都应当赋予队员们设定目标的权利。如此一来，每位队员就能拟定 3~5 项个人目标。值得注意的是，这些目标应当具有可行性且易于团队成员相互理解对方。

那么，回归 OKRs。正如前文所述，OKRs 为企业构建了一个有助于明确并跟踪目标发展方向的目标设定架构。谷歌、领英、推特（现已更名为"X"）、多宝箱（Dropbox）、艾特莱森、声破天、爱彼迎和优步等公司皆依托 OKRs 来确立自身欲达成的目标及实现途径，并且通过 OKRs 使目标更加清晰明确，且彼此之间有先有后、紧密相连。

通常而言，这些目标难度不一：有的易如反掌，有的需要略费周折，有几个则需要付出艰苦的努力。好在随着一系列新型软件工具的问世，目标设定流程愈发清晰明朗，也有助于目标的实现。有了这种公开透明的目标设定过程，员工不仅能积极主动地承担责任，还能更加深刻地感知前途命运就掌握在自己手中。谷歌公司更是将这种透明的目标设定模式一直延伸至首席执行官层面①。

在实行持续性绩效管理之后，下一步便是给予反馈。但

① 《重新定义团队：谷歌如何工作》（*Work Rules! Insights from Inside Google That Will Transform How You Live and Lead*），拉斯洛·博克著，Twelve Books 出版，2015 年 4 月 1 日。中文版由中信出版社于2019 年 6 月出版。

请记住：人们渴望获得建设性的反馈，即使它不尽如人意。

我年轻时曾经是 IBM 的一名工程师。有一次，在提交一份价值数百万美元的计划书时，犯了一个大错：我把定价搞错了。这个错误是向客户汇报过程中发现的。当时我差点晕过去。我本人又羞又愧，上司也大为恼火。事已至此，我们只好恳请客户宽恕。之后，我便一头扎进车里，眼泪汪汪地飞奔回到公司。我感到我的事业就此止步了。

幸运的是，事情结局尚好，我也从中吸取了宝贵的教训。多亏我们与客户主管相交甚好。在弄清事情的来龙去脉后，客户主管很同情我，允许我们更新了采购数据，让我就此侥幸逃过一劫。

年末之际，绩效考核出炉。尽管我因工作不够"细致"而受到指责，但总体上评价尚佳。从那天起，我开始不断检查自己的每一个演示、每一本策划书和每一项分析报告。因此，要想成为势不可当的公司，就必须给予员工明确、真实的反馈和指导，以此帮助员工认识自身不足，并努力加以改进。

然而，这种年度绩效考核已经过时了，正如我在 IBM 时所接受的那样。因为如今的商业和工作环境变化得实在是太快了。例如，在新冠疫情肆虐期间，百事公司为了及时了解员工的状况，从而更好地制定决策，推行了每周一次的脉动调查和开放式反馈。

诚然，一提到"反馈"，人们往往会对其抱有负面印象。通用电气为了让人们更好地接受该类谈话，变通其说法，称为"洞见"（insight）。IBM 称为 Checkpoint 系统，奥多比和思科

将之叫作定期会谈（check-in）①。然而，不论叫什么名字，管理者都打造了一种高效的反馈文化，以确保员工能够虚心接纳反馈，即使反馈带有一定的负面成分。

在过去数十年间，通用电气经历了翻天覆地的变化。如今，它将自身定位为一家数字工业公司。在这一转型过程中，公司始终把优化工作流程和促进员工发展作为绩效管理的核心，大幅度精简管理层，重新规划目标设定过程，将重心放在高绩效精英管理团队的培养上。

昔日，通用电气每年都会对比员工和同事的表现，排出一个名次，并裁掉表现垫底的后 10% 的员工，但这一做法已被废止。十多年前，通用电气便告别了"末位淘汰"（rank and yank）的做法；近年来，又进一步放弃了对 174 000 名员工进行的传统绩效管理和年度评估，转向采用频繁的反馈机制和移动应用软件的做法。值得一提的是，享有盛名的克罗顿维尔（Crotonville）领导力培训中心已成为这种管理变革的领军力量②。

尽管通用电气正在全力以赴地应对如此大规模的转型，但大多数公司仍固执己见，坚持着等级制度和官僚主义的作风。尽管其口头上并不承认这一点，但他们大多心知肚明，自

---

① check-in，是一种聚焦员工发展，而非绩效评价的定期会谈。check-in 同 OKRs 一样，都是以发展为导向，重在使能员工和激发内在动机。——译者注

② "千禧一代如何迫使通用电气取消绩效考核"，《大西洋月刊》，马克森·尼森，2015 年 8 月 18 日。

己和管理者都需要向着新目标不断迈进。

 ## 踏实前行

请与贵公司的领导和团队交流以下问题：

1. 公司是将"项目经理"与"职业指导教练"区分开来，还是说部门经理负责一切？

2. 公司如何挑选管理者？是利用九宫格模型，还是利用人才盘点？公司的管理模式或架构是否切合实际、与时俱进？公司会遵循人事体系，基于雇员的资历和人脉挑选管理者吗？

3. 有没有考虑过取消公司的管理层晋升，让员工不用晋升便能进入管理层？

4. 管理者是如何自评的？公司的管理模式是否包含人才培养及"管理者担当教练"的理念？公司是否存在管理者向团队施压以提高绩效指标，却能免于处罚的现象？公司是否会开展无差别调查，以公开透明的方式评估团队绩效？

5. 公司在领导力培养方面投入了多少资金、精力和时间？是否有专门的领导力培养经理，他／她可以评估、建立和监控公司的领导力发展过程？公司是否经常讨论领导力，并分析领导者扮演的角色？

6. 公司管理者是否享有特殊地位？管理者是否会轮流担任教练角色？如果管理者所在的岗位不合适，能否轻

松换岗？还是说，不管他们在协助别人方面的业绩怎
么样，都能拥有一份能一直延续到事业终结的管理者
职位？

7. 高管的领导理念是什么？他们有没有讨论过管理和培
   训方面的问题？他们真的相信成长型思维模式吗？他
   们会不会把年轻有为的人才提拔到领导岗位？他们乐
   于讲述员工从培训中成长的故事吗？

行稳致远

管理者即教练

在追求理想管理者的路上，企业不惜投入时间和金钱进
行遴选和培训，这从繁荣的领导力培养市场便可见一斑（约
140 亿美元，且逐年攀升）。毋庸置疑，领导力培养是一个复
杂的工程：尽管刚上任不久，一切还未完全适应，管理者就必
须开展员工的招聘、培训、指导和评估等工作了。除此之外，管
理者还要为雇员解决工作、职业和私人方面的诸多问题。因此，
作为管理者的你，不仅要耐心倾听，悉心指导，有时甚至还需
要拿出坚定果断的态度——这些都是鼓舞员工士气，推动公司业
绩所必需的。那么，如何才能完成管理者到教练的转换呢？

第一，务必厘清奖励标准：公司对管理者的奖励依据何
在？你会奖励那个成功引领团队达成既定目标却让队员们精疲
力竭、抱怨连连的管理者，还是奖励那个有助于实现团队与个

人双赢的管理者？从长远来看，后者远胜于前者；然而，从当下利益来看，前者却略胜一筹。如今，高绩效公司会通过企业的净推荐值得分或员工的敬业度来评估管理者的能力。

第二，是应该奖励人才消耗，还是应该奖励人才培养？你会奖励那些将好苗子留在自己团队的管理者，还是奖励那些推荐团队成员进入更大舞台的管理者？诚然，在诸如通用磨坊、雀巢和安泰保险等势不可当的公司中，管理者们皆以促进人才培养为宗旨。然而，对于许多"疲于奔命"的科技公司来说，情况恰恰相反。

某家大型军工企业向我们提供了一个案例。该企业通过追踪两年内公司员工的晋升情况来衡量管理者和团队领导的能力。这无疑向管理者们传达了一个重要信号：培训和培养员工正是其职责所在。

第三，我们的调查清楚地表明，相较于忽视培训的企业，重视管理层培训的企业更具竞争优势。领导力培养最为卓越的企业（详见我们的四层成熟模式①）不仅能令每位员工获益匪浅，还能更好地预测未来，灵活应变，从而占据更大的市场份额。

试想一下，一个普通员工晋升至管理层后，其职业生涯便发生了翻天覆地的变化。因为顷刻间，其成就便由个人表现转换为如何调动、培训和提升员工。许多初入管理岗位的新人

---

① "高效学习组织的新最佳实践"，乔什·贝新公司，2012年9月3日。

最初会尝试对自己的团队进行细微调整，基本上就是指导团队沿着自己曾走过的道路前行。随着岁月的流逝（通常需要数年时间），他们会变得愈加老练，逐渐领悟到，正是人与人之间的差异才产生了每个人独树一帜、无可取代的价值。

因此，在企业的转型之路上，为了始终保持稳中求进的态势，必须让管理者接受培训。在这方面，美国户外运动品牌巴塔哥尼亚（Patagonia）和宜家为管理者树立了典范。他们珍视集体智慧，将其视为公司价值体系中不可或缺的组成部分，并将集体智慧、环保和互助融入了公司的奖励机制（两家公司皆重视环保、可持续发展及品牌理念，并要求其管理者贯彻执行）。正因如此，两家公司的 Glassdoor 评级均远超行业的平均水平（见附录 2）。

为了塑造这种"向上"的领导文化，瞻博网络专门创建了绩效管理流程。这一新流程从以下四个维度评估员工：贡献度（能否实现个人目标）、能力提升（技能或能力是否有所增长）、人际关系（是否拓展人脉、结识新朋友并对公司其他计划有所助益）及职业发展（事业追求是否与公司契合）。这一框架与瞻博网络对"瞻博之道"（The Juniper Way）的诠释相得益彰，为管理者提供了一套全面而高效的工具和指导方案，使其在推进员工培训的道路上一以贯之、远交近攻、蒸蒸日上。

将持续性目标管理或 OKRs 融入日常实践

OKRs 的构造简单明了，包含一个明确的目标（如取得一定的销售额）和一组助力实现该目标的可量化成果。唯有一以贯之地执行 OKRs 这一目标设定模式，个人和团队方能制订出切实可行的计划，达成既定目标。以销售员为例，其工作目标或许是达成某个销售额，而相应的关键成果可能包括将平均销售价格提升 5% 或每日拨打 20 个电话等。

优步的目标可能是扩大平台上的司机用户数量，而实现此目标的关键成果可能是将各个地区的司机基数提高 20%，并将每位司机的每周平均使用时长增至 26 个小时。对于油管（YouTube）来说，他们的目标可能是提高每位用户的平均观看时长，而达成此目标的关键成果可能是将每日总观看时间增加至 X 分钟，并将视频加载时间缩短 X%。

在 21 世纪的企业中，尽管每个网络型团队都有各自的目标，但彼此之间仍需要通力协作、互通有无。除了 OKRs 目标设定模式，是否还有更巧妙的方法呢？值得注意的是，新型软件工具的出现不仅使 OKRs 的制定更为轻松，而且为每个公司提供了制定 OKRs 的契机。

诚然，设定目标已是司空见惯。但与以往不同，OKRs 在目标设定、量化管理和更新方面已经发生了变化（见表 3-2）。

表 3-2　传统目标 VS 新目标

	传统目标	新目标
目标设置	自上而下，由高层推进并统一	自下而上，由团队设定并通过财务和预算指标进行调整
频率	每年设定一次，年底评估，期间几乎不讨论	定期更新，并根据需要进行调整（研究表明，每季度更新目标的公司可获得 30% 的价值提升）

续表

	传统目标	新目标
目标设定者	领导者设定目标，管理者负责督促实施	员工设定自己的目标，管理者提供指导和支持
评估方式	专注于弱点和不足	专注于持续的调整和改进
更新频率	每年一次	按需进行
透明度	目标相对保密，没人真正知道其他人的薪酬	目标完全透明，因此我们知道其他人渴望做什么
保守目标设置	目标被设置得很容易实现，因此达成目标相对容易	设定至少 1/3 的目标为"挑战目标"，激励人们超越自我，发挥更大的潜力
目标与实现过程	完全关注目标；员工通常根据成果获得奖金，很少关注如何实现目标	使用关键成果明确定义如何实现目标，并进行大量讨论以实现目标

资料来源：乔什·贝新公司，2021 年。

现如今，OKRs 已经成为科技行业的常规实践，而在其他领域中也逐渐崭露头角。我的研究显示，无论 OKRs 被称作什么，它都能在集思广益、促进团队协作和提升绩效表现方面发挥重要作用。

创新之路：重新审视绩效评估

我曾说过，必须废止传统的年度绩效考核制度，因其太过官僚主义，不仅让管理者殚精竭虑，让团队各自为政，还会让员工感觉不受赏识、灵感匮乏。然而，这并非意味着我们应完全抛弃评估制度。毕竟，每位员工都渴望明确自身价值，我们也需要借助评估以确定员工的薪酬水平、晋升对象、调岗人选等事项。因此，构建一套有效解决这些问题的管理架构是必要的。

公司应该，对员工进行全方位评估，聚焦挖掘优势，而非关注短板。比如在疫情暴发时，无论何时何地，员工都能以最佳方式投入工作。一旦企业为员工提供合适的岗位和工作环境，每个人都有潜力施展拳脚。

要知道，评估的目的是激发员工进行自我审视和自我比较，而非与对方一争高下。因此，我们需要借此更深入地思考，如何为员工提供更加适合他们的职位，以激发其才华与潜能。

调查显示，最具破坏力的管理方式便是传统层级体系中的竞争等级制度。譬如，诸多公司推行某种形式的强制分配，导致仅 10% 的员工可以拔得头筹。如此一来，匮乏思维便会在公司内悄然滋生，仿佛唯有凭借个人不懈努力方能争得有限资源。因此，大家都争先恐后地追求卓越，甚至对那些评级最高的同事心生嫉妒。然而，在网络型团队中，每个人都在自我增值，引入竞争等级制度又有何裨益？说白了，毫无用处。

管理者职责何在？相较自我审视和自我比较，管理者应将工作重心放在如何协助员工更好地获得提升上。试想，你会对自己的孩子们进行孰优孰劣的等级划分吗？显然不会，因为你希望他们各展所长，成为独具特色的人才。这正是势不可当的组织的工作方式，让人人皆能寻得最适宜的角色、岗位、管理者和工作环境，从而施展才华，充分挖掘潜能。

在众多管理人员以提升员工为己任的当下，纠正流程已

成为不可或缺的一环。多项研究指出，超过 40% 的绩效评级源于管理者个人的偏见和主观臆断。

似乎，最具成效的方法是我们通常所说的"校准会议"（calibration meeting）或"人才盘点"（talent review）。在这些会议上，管理者们探讨的不是如何对表现打分定级，而是指出彼此之间存在什么差异，以帮助员工更好地接受指导和反馈，同时保证整个团队的高效运转。

我们公司便已经摒弃了评级制度，转而在这些会议上关注员工的长处、有待改进之处及潜在的新角色。这样一来，员工敬业度急剧攀升，离职率也显著降低。此举在诸如百胜、联合利华等公司中均取得显著成果。

印度酒店有限公司（Indian Hotels Company Limited）是一家庞大的南亚酒店管理企业。该酒店过去一直采用过时的员工绩效管理系统，对员工实施 1~5 的等级评分。然而，前副总裁兼全球人力资源主管皮维·拉马纳·穆尔蒂（P.V. Ramana Murthy）表示，公司已改变这一流程。目前，他们将每家酒店视为独立系统进行管理。

具体而言，各酒店将客人评价转化为相应分数并将之汇总，最终形成员工的综合表现得分。穆尔蒂指出："酒店对不同服务部门的员工，如前台、迎宾和餐厅等，均进行绩效评估。"他还表示："客人的评价能激发员工的工作积极性。"

为激励并维持管理人员的高绩效水平，百事公司于 2020 年重新设计绩效考核，采用五种反馈机制，其中之一即培训与指导。由此可见，一旦公司确立了发展方向，OKRs 便成为加速推进工作、催化成效的重要助力。

密切沟通，促进员工反馈

通用电气、奥多比、IBM 和纽约人寿等公司均表明，让管理人员由老板转变为教练，其最大难点之一在于如何将员工与团队紧密结合。另外，适当的反馈和指导是必要的，否则员工将难以安心工作。

为了能让员工安心工作，"定期会谈"可谓恰逢其时。这种会谈形式灵活多变，或正经严肃，或轻松愉快，只要能够让员工与教练沟通顺畅即可（见表 3-3）。在此方面，奥多比已经构建了一套适用于定期会谈和跟踪管理者进度的规范和工具。

表 3-3　年度绩效评估与定期会谈

	年度绩效评估（以前）	定期会谈（现在）
设定优先事项	员工在年初设定优先事项，但往往不会重新审视	定期与管理者讨论和调整优先事项
反馈流程	提交成果、征求反馈和撰写评论的烦琐流程	不断地进行反馈和对话，而不进行正式的书面评价或书面记录
薪酬决策	对每位员工进行复杂的评估与排名，以决定加薪与股权	没有正式的评级或排名；管理者每年都会根据员工的表现来决定他们的薪资和股权
会议频率	反馈会议不够连贯，缺乏监督；员工的生产力会伴随年终绩效考核的进行而达到顶峰	定期进行反馈会话，持续反馈成为常态；员工的生产力始终保持稳定
人力资源团队角色	人力资源团队负责管理文件和流程，以确保所有步骤都得以完成	人力资源团队为员工和管理者开展具有建设性的对话

续表

	年度绩效评估（以前）	定期会谈（现在）
培训和资源	管理者的辅导和资源来自人力资源合作伙伴，但由于人力资源合作伙伴无法接触到每个员工，所以可能存在某些员工无法得到辅导和资源的情况	公司建立了一个集中的员工资源中心，供员工随时获取信息和支持

资料来源：乔什·贝新公司，2021 年。

德勤和思科也借助一系列标准化问题，推动定期会谈，并使之逐步演变为一种评估方法。德勤激励教练对员工表现进行客观评价。因此，公司会向教练们提问："此员工是否具备晋升条件？""是否应尽可能地给予该员工更多奖金？"到年终时，公司将依据这些数据作为来年教练薪资、晋升和培训的参考。财捷、谷歌等公司也在进行类似的探索。

通过定期会谈，管理者和员工可以更加聚焦目标，增进彼此间的了解，保持团队方向正确，不断追求更高的业绩。如今，管理者的首要任务是帮助员工克服难题，明确事务的轻重缓急，并赋予其适当的自由空间。唯有那些真正能够实现这些任务的管理者，才配得上金牌教练的称号。而在这一转型之路上，定期会谈具有举足轻重的作用。

为使教练文化在企业生根发芽，奥多比公司前首席人力资源官唐娜·莫里斯（Donna Morris）（现任沃尔玛首席人事官）摒弃了年度绩效考核，转而采用敏捷方法创立一系列称为"小屋"的社交学习小组，将管理者集结一堂，打造了杰出的教练团队。得益于"小屋"本身具备学习导向的特质，每个月，成员们都聚在一起，进行 90 分钟的线上交流活动。受敏捷开发中的冲刺理念启发，"小屋"团队成员全力专注于特定的发展领域，如挖掘新角色中的佼佼者。在"小屋"中，设有一名"客户之声"（voice of the customer）成员，负责搜集其他成员对"小屋"的反馈意见与建议，以持续优化"小屋"的运作。

经过一年多的实践，奥多比取得了骄人成绩：98% 的领导者认为所花时间价值非凡，32% 的领导者表示此举改善了与雇员的关系，而且 99% 的领导者均认为"小屋"值得被大力推广。类似项目还包括艾特莱森的"文化工具"及利宝保险的"学习管理系统"。总之，这些项目为管理者理解如何转型为"教练"角色提供了必要的支持。

优化薪酬：根据市场供求调整薪酬，而非以公司级别为基准

在工业时代，"劳工"占据主导地位，薪资根据职级（band）来设定，而职级则与员工的职位级别紧密相关。我供职于 IBM 期间，上司时常强调我所处的职级以使我明白每年微薄的加薪符合公司规定。他告诉我："我不能把你的薪资提得太高，否则就会超过你的职级。"回首往事，当时的自己过于天真，未能识破其中的荒诞之处。好在，我最终选择离开了这份工作。

从我们针对薪资制度进行的研究来看，结果并不乐观：33% 的受访者表示薪资制度能够提升员工的工作绩效；认为

薪资制度符合公司战略目标的仅占7%，而高达30%的受访者表示目前的薪资制度与公司的经营理念存在偏离。

为何薪资制度如此混乱？原因在于我们仍在沿用工业化时代的陈旧模式。但在现代企业中，个体仅凭一己之力便足以掀起行业风云。鉴于此，有必要以个体而非等级为基础对这一过程进行重塑和优化。

在2017年和2018年，我们曾对公司的薪资制度进行过穷尽式研究，试图找出影响公司业绩的关键因素[1]。然而，结果出人意料。

第一，薪资平等并不能真正提升业绩。毕竟，员工渴望的是一套公开透明的薪资制度。他们希望知道自己如何才能获得公司回报，以及能获得何种回报。他们期望的可不是企业在薪资方面简单粗暴地被"平等"对待。如今，企业界一直关注性别、种族薪资的公平问题。可见，消除制度性偏见（systemic bias）确实至关重要。幸运的是，大型企业通常秉承"唯才是举"的原则发放薪资，并将薪资制度解释得清晰明了。

据我所知，在一些如谷歌、元宇宙和微软等知名企业，即使两个人从事相同的工作，薪资差异也可能高达50%~100%。然而，这并非不公平地对待员工，而恰恰是其绩效差异的真实反映。

---

[1] 《高影响力、高报酬》，德勤子公司贝新，贝新、皮特·德贝利斯和安娜·施泰因格，2018年。

第二，薪酬制度亟须时常复盘。如今，绝大部分雇员一登录领英、Indeed（招聘网站）、Glassdoor[①]等网站，便能迅速了解自身薪酬是否偏低。势不可当的领导者自然深谙此道。因此，他们会适时调整薪资，以满足员工的需求。思科薪酬主管曾向我透露，他们会定期开展基准研究，并向员工公示所有信息，以让众人明晰自己薪酬高于或低于平均水平的缘由。

第三，企业必须从市场价值的角度进行薪资分配。每一个企业员工皆有自己的薪资历史（salary history）、雄心壮志和动力水平，以及市场上与之对应的薪资水平。这意味着，企业在制定薪资时必须充分考虑这些差异。我主要根据以下四点确定员工的薪资：①员工在团队中的表现；②员工在上一阶段的任务完成情况；③员工为客户和股东创造的价值；④员工离职后所需要的替代成本。倘若贵公司也采用这一模式，你可能会发现，尽管有些员工能力出众，但因职位、职称或管理者等原因，薪资却相对较低。

第四，切莫忘记，在当今职场，薪资仅是薪酬体系的一部分。弹性工作制度、福利待遇、医疗保险、职业发展机会、优先股、职业选择及退休计划等均为薪酬制度的组成部分。在我所在的地区，许多公司在办公场所提供免费餐饮和小吃，同时还为远程办公员工免费提供笔记本电脑和符合人体工程学的办公椅。请相信我，年轻人在申请工作时必将考虑到这些因

①　美国一个企业点评及职位搜索的社区。——编者注

素——而贵公司的薪酬体系也应该对此予以关注。我们的研究发现，卓越的公司在关注员工福利方面通常比较全面，这也是接下来我们要深入探讨的重点话题。

范例：巴塔哥尼亚

巴塔哥尼亚作为一家坐拥数十亿美元资产的运动服装巨头，不仅关注员工赋权、倡导工作与生活的平衡、追求卓越业绩，更重视员工的角色和职责，以及公司在社会和环境责任方面的担当。

实际上，巴塔哥尼亚甚至将职能部门的员工纳入团队和项目之中。公司的首席人力资源官迪恩·卡特（Dean Carter）通过对目标管理和绩效流程进行重新设计，使员工的工作投入、团队合作精神及卓越表现方面得以优化。同时，他们意识到员工的成长并非总是线性的，而是会有突飞猛进的进步，这便是卡特所谓的"再生绩效"（regenerative performance）。

当然，巴塔哥尼亚的每位员工都有明确的年度和季度目标，可以定期获得反馈并与管理者进行沟通。然而，巴塔哥尼亚的独特之处在于它勇敢地将这些环节与薪酬和奖励挂钩。每年年底，巴塔哥尼亚通过两种方式奖励员工：一是依据业绩发放奖金；二是根据员工的"市场升值"情况增加基本工资。

换言之，在巴塔哥尼亚，那些能够把眼光放长远，从而拓展工作领域、培养新技能的员工将得到更丰厚的回报。因此，员工薪酬并非取决于职位的晋升，也不受管理者掌控。相反，巴塔哥尼亚充分利用薪酬激励机制鼓励员工勇于进取，在技能方面不断提升。

破除层级束缚

在势不可当的企业中，员工拥有无可争议的发言权。他们被赋予自我管理和自我提升的权利，而领导者或教练则在一旁伴飞，辅助其克服困难、扶摇直上。

达到这种境界的办法很多。其中，最行之有效的就是削弱甚至废除管理者的权利、地位和权威。事实上，一旦拥有比某个个体或群体更强大的权力时，我们往往会变得"非同寻常"，变得吹毛求疵、固执己见，甚至可能产生专横跋扈、唯我独尊的心态。这正如阿克顿勋爵（Lord Acton）在1887年所言："权力往往导致腐败，而绝对权力则必然导致绝对腐败。"

为减少偏见和管理层对员工的影响，谷歌依赖同行委员会而非领导者个人，对员工的薪资增长和晋升进行评价，以确保其公正性和客观性。

目前，该做法已被纷纷效仿。众多公司相继取消了那些光鲜亮丽的管理头衔，有的甚至让高层管理者离开了权力宝座。脸书的人力资源主管罗莉·格勒尔曾告诉我，公司会对那些渴望得到管理职位的人说："你可以申请这个职位，但它不代表升迁，除非你的确愿意通过帮助他人造福公司，因为这正是该岗位的职责所在。"这一理念对管理者角色的转变产生了深远的影响。

管理决策：用数据说话

得益于人力资源云系统和绩效管理工具的涌现，我们能够利用大数据对个人或团队进行定制化的绩效评估。同时，这些数据还能应用于企业培训和员工管理方面，有效地排除偏见和官僚作风的影响。

以下是我研究中的一些案例：

- 一家大型制造企业研究了那些能够产出最优秀产品的团队的表现，发现其队员的任期、资历和技能与成功无实质性关联。相反，成功的关键在于团队与公司其他部门的协作和交流程度。换言之，那些对经销商网络、定价、制造等业务流程驾轻就熟，并能设身处地为他人着想的团队，才会取得压倒性胜利。这将成为全新的团队组建和发展模式。

- 一家高科技系统和软件公司曾对工程师的幸福感与工作效率进行研究。他们请工程师自愿佩戴一种"智能徽章"，以记录其在工作中的位置、行动和声调。通过数月测试，研究发现，最快乐、最高效的工程师往往是那些频繁和他人互动的人，因为他们经常四处走动、互相交流。公司根据这个结论，重新规划了员工的办公区域，开设了新餐厅，组织了户外步行会议等多种活动，以鼓励员工相互走动、相互交流，进而达到最佳工作状态。

- 一家人力资源技术公司调查了司空见惯的偷窃和违规现象，发现这些不道德的行为具有传染性。换言之，如果某位员工顺手牵羊，同样的事件也可能发生在同一楼层，甚至就发生在这名员工的周围人身上。这使企业意识到，一旦发现不当行为，应立即采取行动进行"净化"。一些诸如强化合规培训，严格纪律管理及对舞弊行为进行分析的工作也因此在公司如火如荼地开展起来。

- 微软旗下的 Office 365 内置了许多新工具。这些工具不仅为管理人员、人力资源团队及员工提供周度和月度报告，而且还提供各项工作细节，如员工收发电子邮件的时间、参加内部会议的时间、与客户沟通的时间，以及大量重要的培训信息等。这些数据不仅可用于优化工作流程，还能灵活安排发邮件的时间、取消一些不必要的会议，甚至提高团队交流的效率，以实现事半功倍的效果。

- 近年来，越来越多的企业采用脉动调查和季度反馈调查等方式来评估管理者的自评水平。例如，Ascension 公司每周对 15 万名员工进行脉动调查；易昆尼克斯（Equinix）公司通过每 6 周一次的脉动调查、创建易昆尼克斯商学院，以及重新设计绩效管理流程实现其稳步发展；艺康（Ecolab）集团的脉动调查发现，年轻员工之所以跳槽，可能只是因为其他公司能为其提供更多反馈，这促使公司推出了管理者必备计划（Manager's Essential Program）。因此，对管理者而言，最好的培训就是真实地了解自己的团队与其他团队相比存在什么差距。这种实践已经成为企业界的一种普遍趋势，因为它

可以立即揭示出管理链条中的薄弱环节。

假以时日，培训软件的智能化将愈发普及。然而，我坚信人定胜天。尽管智能手机、智能办公设备等工具能够帮助我们拨云见雾、指点迷津，但管理者在企业中的作用仍然是关键所在。他们将扮演教练的角色，成为我们不可或缺的"人生导师"。

4

是文化，不是规则

"作为雇主，你肩负着重大的道义使命。那就是确保每个员工都对每天早上上班这件事充满期待。"

——约翰·麦基（John Mackey），美国全食超市（Wholefoods Market）CEO 兼创始人，2008 年

想象一下，在位于美国东北部新英格兰的某个角落：此地每日盛行正念、普拉提、动感单车及瑜伽等各式活动；四处皆有琳琅满目的佳肴的健康自助餐吧，菜式热量皆在 500 卡路里以下；人们于此畅享壁球乐趣，或在篮球场上团队争锋。

这一场景是发生在近日风靡美国东北部的乡村 SPA 乐园吗？非也！此乃位于美国康涅狄格州哈特福德的安泰保险（现为 CVS Health 旗下一部分）的总部。这家健康保险公司通过创造充满活力的企业环境，实现了医疗保健公司的运营理念。

当今时代，不论员工是在实地办公还是居家办公（或两者兼顾），势不可当的公司皆追求提升员工健康、安全和幸福指数的员工策略，即着眼于创造企业文化而非企业规则。这涉及一个选择性问题。本章将助您洞悉这类文化倡导的关键意义。

 ## 转变：是文化，不是规则

噢，办公室的旧模式已翻新篇。昔日，白领一族被束缚在沉闷的工位上孤军奋战；如今，办公室已不仅是一方工作之地，还能满足各种需求，如吃饭、休息、协作和锻炼，甚至还能在工位洗衣、购物和处理个人问题等。随着居家办公风潮的盛行，可以选择工作场所的员工也越来越多。事实上，根据《2021 德勤全球人力资本趋势》的数据，70% 的高管信奉远程办公的变革有利于改善员工的幸福指数 [1]。

当员工崇尚团队协作，并通过电子途径共享信息；而管理者忙碌于各自事务，不再一味盯梢员工，此类工作场所该如何界定？又该如何打造既重视创新与敏捷，又不过于强调运营执行（operational execution）的工作环境？

答案就是，在倡导灵活自由、平等协作的工作理念的基础上，打造一种由企业文化驱动、而非规章制度主宰的新型工作场所。实质上，就是要彻底改写办公室的定义，使之成为激发生产力的广阔天地。诚然，此举固然涉及拆除隔墙、引入现代数字化协作平台，但关键仍在文化——缔造开放透明的氛围，并为此类文化打造支持性的工作环境。

众多高管深信，重新设计公司办公室可提升员工的工作效率、强化团队协作，甚至激发他们的工作热忱。但这一观点并不完全准确。诚然，企业应着力营造开放的工作氛围。然而，要想做到势不可当，仅靠重塑办公室布局还远远不够。

举个例子。某位美国硅谷知名公司的领导，在旧金山收购了一家备受瞩目的初创企业。初创企业对创新推崇备至，不仅拥有高大上的开放式办公室，还供应诱人的一日三餐，配置

---

[1] 《2021 全球人力资本趋势》，德勤会计师事务所，艾丽卡·沃利尼等，2020 年 12 月 9 日。

顶级办公家具、计算机和高科技设备。毫无疑问，这位硅谷公司的首席执行官对初创企业的工作氛围赞不绝口。回到总部后，他向管理层表明："我们也要打造这样的办公环境。"

随后，公司团队开始对位于圣克拉拉地区的一幢陈旧写字楼进行全面翻新。他们让原本拘泥于狭小隔间的工程师们搬至开阔空间，为员工提供免费餐饮和小零食，甚至将自助餐厅升级成了美食殿堂。

猜猜接下来会如何？不出两周，工程师们就开始纷纷抱怨：什么此地喧嚣吵闹，让人无法静心工作；什么光线刺眼，让人无法集中注意力，等等。对于公司免费提供的美食，员工固然很喜欢，但他们中很多人已经习惯回家吃晚餐，或宁愿不在公司用餐，以便节省时间提前回家陪伴家人。显然，生搬硬套他人的制胜文化并非明智之举。

环境五要素

那么，"文化"一词究竟意味着什么？在我看来，文化就是能够突显企业特色并且能为所有成员所共享的价值、态度、标准和信仰体系。正如许多顾问所描述的，文化好比鱼缸中的水，尽管不显眼，却至关重要。

诚然，许多管理和商业实践对企业文化产生了深远的影响，然而领导者的作用同样举足轻重。事实上，大量的研究显示，文化泛指由领导者创立、由领导者推动，并且只有领导者能够改变的方方面面。

本章将从以下五个方面探讨势不可当的公司文化：

第一，工作环境——现实、环境和虚拟体验。

第二，福利待遇——如何提高员工的健康水平，保障员工的安全，呵护员工的身心健康，关心员工的工资福利。

第三，包容程度——如何营造一个多元、开放、包容和透明的工作环境。

第四，认可和奖励情况——如何表彰和激励员工。

第五，灵活程度——员工的自主权、选择权和自由度。

许多压力正迫使公司高度关注这五大难题。作为团队成员，我们需要经常转换角色，因此需要一个更加开放和灵活的工作环境，以保证工作顺利进行。团队在设计方案和讨论问题时，可能需要共享白板、宽敞的办公空间及不受打扰的工作场所。在技术日新月异的今天，员工希望能够随时随地工作。正如前文所说，无论是传统的坐班还是远程办公，都会让员工感到疲惫不堪、压力山大。在这种情况下，领导者必须不断创新，以提高员工的工作效率、幸福感和灵活度。

打造开放、灵活的工作环境

英文 office（办公室）一词源于拉丁文的 *officium*，意指执行任务。如今，得益于科技的日新月异，人们随时随地都能够开展工作，无论是在办公桌、走廊、机场、客户场地，还是在电梯内、餐桌旁。工作地点虽千变万化，但工作的本质始终如一。

现在，我们来谈一谈实体的办公环境吧。回溯我的四十余年的职业生涯，工作环境显然已经发生了翻天覆地的变化，如表 4-1 所示。

　　毋庸置疑，工作场所的设计至关紧要。致力于新型办公环境研究的世楷（Steelcase）发现，那些高度投入的员工往往是那些拥有最大掌控权、能够在工作地点和方式上自主决定的员工，而且注重保护隐私权。换句话说，这些员工可以自由选择自己想要工作的地点和方式，并且获得适当的隐私保护。可以说，员工的敬业程度与其对公司工作环境的满意度密不可分。

表 4-1　传统工作环境 VS 势不可当的工作环境

工作环境：传统方式	工作环境：势不可当的方式
固定办公室，办公桌上带有姓名牌，甚至门上也有姓名	按照员工需求提供定制或移动办公地点
与团队、部门共处一栋大楼的同一位置	经常网络办公或在其他地点工作，但始终与团队紧密协作
几乎每天都需来公司上班	可以根据需要自由选择工作地点
严格遵守公司规定的着装和仪容仪表	可以选择休闲、舒适的服装，无须每天穿正装
办公室便利设施有限，外出用餐或喝咖啡	提供咖啡、美食、运动区、休息区、技术服务、健康服务等丰富的办公室福利
项目的多样性完全由 HR 部门主导，注重达到指标	倡导包容文化，尊重性别、年龄、种族和文化差异
提供健康保险和一定程度的员工心理援助计划	全面关注员工福祉，包括心理、生理、财务和职业健康，旨在提高员工工作效率
员工重点放在公司和老板身上	员工注重与团队、组织和客户的联系

续表

工作环境：传统方式	工作环境：势不可当的方式
办公区域按功能或部门划分	通过合理规划餐厅、会议室和自由空间，促进跨部门合作
会议室仅供大型会议使用	设有多个小型会议室，可用于联席会议、讨论或团队会议
视频会议工具仅为高管提供	所有设施都配备视频会议和即时通信功能
定期举行表彰活动、员工会议或公司大会	以"实时热搜"的模式，持续不断地进行表彰、奖励、反馈和赞扬
员工依赖电话、电子邮件和复印机完成日常工作任务	办公工具多元化，包括消息传递、视频、目标管理以及基于人工智能的文件和资产管理工具，所有这些都配备虚拟专用网络（VPN）和其他安全工具，用以监控和控制公司知识产权
公司在办公室设计方面强调设计、艺术和美观	注重设计、艺术、自然光照、开放空间和灵活性，以及全力支持每位员工的个性化工作体验，包括在必要时提供团队小隔间和共享白板设施
为员工分配了大量空间，但往往没有充分利用（在新冠疫情之前，办公空间中有 70% 的空间经常处于闲置状态*）	提供可供多人使用且高度利用的空间，目标是凝聚人心，为员工提供丰富的工作场所和方式选择权，营造和谐的办公环境

资料来源：Globest.com；乔什·贝新公司，2021 年。

　　一个活力四射、蓬勃向上的工作场所究竟应当是什么样的呢？应该是开放式还是封闭式？员工是否应拥有私人办公室？是否需配备健身器械？是否提供免费用餐？是否允许员工居家办公，而非严格要求其到办公室坐班？如果如此，我们是否应持续支持员工居家办公？或应强制他们重返办公室工作？

美国皮尤研究中心 2020 年 12 月的一项研究揭示，在新冠疫情暴发前，原本能在家中工作的人很少选择居家办公。那时，选择全时或大部分时间在家工作的员工仅有 1/5。但此次调查发现，选择全时或大部分时间居家办公的员工高达 71%。绝大多数受访者表示，在家工作时，所受干扰较少，工作动力更足，更容易如期完成任务。

调查揭示，员工在远程办公与现场办公时的工作热情相差无几。诚然，在我担任分析师的职业生涯中，这还是首次见到员工在远程工作时表现得如此投入。除此之外，人们普遍对远程办公持积极的态度，并对管理者在远程办公方面的表现给予高度赞誉。

在过去的十多年时间内，有人预言人类的工作将变得更具灵活性，因为员工能够自主选择最适宜的时间和地点开展工作。突如其来的新冠疫情恰恰加速了这一进程。

"尽管科技难以彻底替代人际互动，但无可辩驳，它让生产力、适应力、创造力和连接力持续繁荣发展。"微软负责人才、学习和洞察力的副总裁乔·惠廷希尔（Joe Whitinghill）在 2021 年这样说道。

2021 年，微软开始推广弹性工作制，并将其视为公司的永久性工作标准。其他一些公司，如福特、美国教师保险与年金协会（Teachers Insurance and Annuity Association，TIAA）及花旗集团，也纷纷推行这种灵活的混合工作方式。

这些决策背后突显了员工的选择权和主导力。换言之，无论员工在工作中扮演何种角色，只要允许其自主选择适合自己的工作方式，他们必定会斗志昂扬、充满干劲、乐在其中。

为了实现这一目标，企业需要为员工提供共享的工作空间，创造适宜的远程办公环境，注重对个人隐私的保护。同时，使用易于掌握的工具，尽可能地让环境舒适，如采用大窗设计、提供一定的美食。如此一来，员工就可以时不时地在周边活动。此外，公司还应该给员工一定的自由时间，让他们锻炼身体、放松身心，甚至能让他们在疲倦时打个盹。

从某种程度上来说，无论如何构建工作环境，最终都要落实到员工的身心健康上来。

混合工作模式：远程工作的成功之道

自新冠疫情暴发以来，众多企业纷纷实施了高度灵活的工作制度。

疫情来得太突然，企业不得不迅速调整工作场所、产品服务、市场和管理模式。具体而言，为了协助员工顺利适应新的工作环境，企业需要完善基础设施和并调整计划，给予员工必要的支持。同时，企业还应为管理者提供培训，以便他们更好地驾驭远程团队。

可喜的是，诸多组织和个人皆成功地完成了这种转变，并迅速适应了远程工作模式。为确保远程办公的员工能够顺利推进工作，各个公司还为他们提供资源、工具和基础设施。上述措施对于疫情期间各方面的生产力具有巨大提升作用。

远程办公之所以能够有条不紊地进行，很大程度上得益于新型工具和协作技术的出现。其中包括视频会议平台、手机通信应用、目标共享系统、文档和日历同步工具等。

其次，我们也要向人力资源行业的从业人员致以崇高的敬意。他们挺身而出，帮助企业应对疫情引发的健康危机，想方设法缓解员工的压力，并率先推动了工作场所的转型。除此之外，他们还重新定义了领导的职责和角色。

为了探寻更佳的远程团队管理之道，我们与世界各地的人力资源管理人员紧密合作，力求找到一种评估远程团队工作能力的黄金标准，全面审视其利弊，为企业铺设一条坚实的发展之路。

考虑到受疫情影响人与人之间的沟通减少，人力资源部门对居家办公员工的参与度格外关注。我们的研究显示，那些获得组织支持的员工及其家人，在公司忠诚度和保留率方面是其他组织的 6.8 倍[①]。

深知疫情令员工士气低落、愁眉不展，德国电信推出了"危机领导力"（leadership-in-crisis）计划，通过研讨会、生存工具包和反思工具包等途径来缓解员工的紧张情绪。另外，公司还定期召开每周例会，让管理者为员工指引方向，驱散迷雾。这些措施不仅筑牢了员工对公司的信任感和忠诚度，还令员工的敬业度从 75% 飙升到了 85%。

------

① 《权威指南：员工体验》，乔什·贝新公司，2021 年 9 月。

此外，许多公司还提供形式多样的帮助。比如，为员工创造照顾家庭的机会，帮助其参加家庭社交活动，如组织线上电影晚会或提供免费的网飞观影服务。当然，还有一些公司积极促进员工间的交流，让他们抛开工作压力，分享快乐，即便无法面对面交往，也能通过线上沟通拉近彼此的距离。

德勤在《2021全球人力资本趋势》报告中指出，那些让个人、团队和组织如沐春风、欢欣鼓舞的公司必定具有强大的发展势头。雇员也会因此如鱼得水、游刃有余。

这些企业破浪前行，加强了企业凝聚力，使员工更加聚焦工作使命、目标和敏捷性，明确自己从事的工作对缔造更美好的世界所做出的贡献，使之深感自己的重要性。除此之外，这些企业还全方位地调整了招聘方式、工作职责和运营模式等。

如今，"以人为本"的管理方式被视为通往成功之路最关键的一步。它可以适用任何背景，无论是在繁荣时期、萧条时期还是严峻的经济危机时期。毫无疑问，当企业转变其商业模式时，对其管理方式的重新审视也迫在眉睫，见表4-2。

庆幸的是，经过多年的不懈努力，许多卓越的组织已经形成了弹性灵活的管理模式。即使在遭遇疫情等突发事件的时候，这些组织也能够迅速应变。

表4-2　以人为本的管理方式

目标	领导者可以做什么	人力资源官可以做什么
支持员工家庭和生活需求	关心员工，提供个性化支持，助力他们营造平衡、健康的办公环境	优化家庭支持项目，关注员工心理和生理健康，不局限于医疗保险

续表

目标	领导者可以做什么	人力资源官可以做什么
采用战略性方式利用替代性劳动力	分析任务所需技能的关键性、时间安排和紧迫程度，确定适合的劳动力（兼职员工、临时工、外包人员）	与其他部门（如采购）协作，制定战略，用以管理替代性劳动力
赋能团队快速尝试和学习	赋予团队和个人决策权，支持他们进行尝试，并鼓励他们从失败中学习	提供非正式学习环境，帮助员工应用所学、尝试并从错误中吸取经验
调整绩效管理方式	经常沟通团队目标和优先事项，让员工迅速调整，并关注实时反馈	简化绩效管理方法，关注驱动绩效和学习的要素，让员工紧跟业务发展的节奏

资料来源：乔什·贝新公司，2021 年。

加倍关注员工幸福指数

在一家以文化而非制度为主的公司中，关注员工幸福指数显得尤为关键。近年来，这一行业如火如荼，许多公司都在招募与之相关的人才，如首席健康官、安全官及心理主管等。截至 2021 年 4 月，市场上尚有高达 5.5 万个相关职位虚位以待[1]。

几十年来，员工的幸福仅局限于确保工作环境的安全，以及提高员工保险的保障水平上。实际上，1978 年，我加入埃克森美孚时，公司就把确保精炼过程的安全作为首要任务。那时，连我们戴的安全帽上，都印着距离上次事故以来的

---

[1] "幸福"，LinkedIn 搜索，2021 年 4 月。

天数。

然而，过去十多年间，公司逐渐将关注点从员工的人身安全转移到了员工的心理状态和工作表现上。许多公司开始意识到，要想改善白领的健康状况，提高其工作表现，必须从其他方面入手。因此，幸福健康方案席卷各大公司，掀起了一股新的浪潮。这不仅是为了降低保险成本，更是为了提高员工的工作效率。

强生人力绩效研究所（HPI）是员工幸福领域的翘楚。该研究所以"企业运动员"（Corporate Athlete）为品牌，向数百家公司提供培训课程，教导他们的员工如何应对压力、增强适应能力，实现持续高效的业绩表现。初创时，这一培训项目只面向企业高管；而如今，其培训内容已经覆盖所有类别的雇员。

越来越多的企业逐渐认识到员工福祉对其工作热情的影响深远。无论是身处现场办公，还是参与线上会议，当员工精神状态欠佳（如因劳累、疾病或家庭、财务等事务牵绊）时，工作效率也随之降低。毕竟，这个时候员工的心理健康的防线已岌岌可危。那么，当员工士气低落、业绩不佳，或与管理者关系紧张时，是否有地方让他们倾诉一番呢？

前不久，我与一位大型公司的首席人力资源官交谈时得知，她特别鼓励首席执行官和高管通过召集全员大会，共同探讨面临的压力、忧虑及超负荷工作带来的艰巨挑战。她说，通过这样的心灵沟通，所有人的压力都会得以疏解。如今，该公司正为所有领导层开展涵盖"倾听""灵活应变"和"关爱"

等方面的培训。

加拿大一家知名银行的首席人力资源官表示，他们不仅关注工作场所的安全和员工的心理健康，还向管理人员传授关于心理健康和情感健康方面的知识。除了强制性的多元化和包容性培训，该银行还会教导管理人员有关压力、焦虑及行为健康方面的知识。

综上可见，管理者的职责不仅在于提高绩效，还在于关心员工、身体力行、用正能量感染整个团队。如今，越来越多的公司将员工的幸福指数从"福利部门"中剥离出来，使之成为公司文化的一部分。

适应性空间需求

当今的办公室是何种风貌？显然，创新浪潮已使办公室焕然一新，而且这种变革仍在持续中。正如我们在声破天、艾特莱森、Adobe、IBM 和荷兰国际集团等公司所见，办公空间必须与工作作风相辅相成：团队荟萃于小屋，员工个人享有私人一隅，建筑物内则设有宽敞的公共区域。

然而，创新岂能止步于物理空间。换言之，办公场所的布局变革，必须与组织管理模式、员工互动方式相得益彰。若员工仍须在办公室坐班，那么办公室应更加开放、多样、灵活；同时，办公室的布局和设计也更应贴近员工的心声。

作为全球办公家具行业的翘楚，世楷发现影响工作空间满意度的最大因素并非办公室的开放程度，也非提供站立式办公桌、午休室和静谧空间等实用功能。诚然，这些因素颇为重要，但最关键的还是员工对工作地点和工作方式的强大自主权，包括一定程度的隐私保障。换言之，雇员们需要一种灵活、自由、包容的企业文化带来的赋权。

以下是一些令人震惊的统计数据：

- 88%的员工认为，若能自主选择工作场所，他们工作时会更加投入、效率更高。

- 96%的员工认为，若白天能常常活动筋骨、舒展身心，他们工作时会更加投入、效率更高。

- 94%的员工认为，若在团队协作时不受干扰，他们工作时会更加投入、效率更高。

- 98%的员工认为，若能在公司感受到归属感，他们工作时会更加投入、效率更高。

一份由世楷公司发布的报告指出，在后疫情时代，员工再也不愿回到不安全的办公室。当前大部分高密度的办公场所，极度依赖临时办公空间和共享辅助空间，亟须进行改造。报告还强调："各企业皆知，传染性疾病在工作场所内的传播不仅会让企业再次陷入停摆，还会损害其品牌形象和人才招揽能力。"

因此，未来的公司办公室既要确保员工安全无虞，又不损害团队的凝聚力、创造力和生产力。在这条道路上，世楷正孜孜不倦地探寻基于传染病防控科学的全方位办公解决方案。该公司在重新设计和配置工作环境时，不断地研究和调整工作站（work station）的方向，让其摆脱传统的线性布局，并重新配置了独立式办公桌，减少面对面办公的情况。

当然，开放式的办公布局、共享工作空间、灵活的办公设施、高度流动的工作区域及员工的工作习惯，都是未来工作场所设计的关键因素。该报告还强调："办公室给人以安全感。这种安全感应该让人们在进入办公室的那一刻，就能感觉得到。此外，办公室还要更具弹性和灵活性，以适应不同员工的需求。"

加拿大的一家大型咨询公司在规划设计其新办公室时，关注到表现优异的团队具有一些共同的重要特征：第一，相较于其他团队，这些团队在一起合作的时间更长久；第二，他们非常了解不同服务部门的业务，并与之保持着良好的合作和沟通，如税务专家能与管理顾问共同协作；第三，他们闲不住，会不时地造访各个部门。

以这些信息为基础，该公司精心设计了其新的办公空间。为使工作环境与工作性质相辅相成，新址共配备了 18 种不同类型的工作空间，涵盖休闲区、协作区和个人工作区。其中，最引人注目的是一段连接 6 个楼层的开放式楼梯。该楼梯从物理角度形象地展示了公司对协作企业文化的重视：摒弃各自为政的陈旧做法，鼓励部门间的互动与合作。不仅如此，在实际工作中，各部门的同事也能打破彼此孤立的办公现状，可以很方便地见到彼此。

这一案例生动地印证了，工作场所改变所带来的工作方式变革。因其目的不仅在于促使不同团队群策群力，更是为了鼓舞员工锐意创新，颠覆过去，协同共赢。要知道，大多公司的工作区通常由 80% 的个人工作区和 5% 的协作工作区组成，而该公司协作工作区的比例高达 65%。有研究表明，让员工沐浴在自然光线的办公环境中，其工作产出可提高 18%。因此，该公司在设计时充分考虑到了这一点，不仅让 90% 的办公位置皆能享受自然光照，还在大楼内安装了巨型落地窗。我们的研究显示，该类办公环境有助于减少旷工，并且能有效提升员工的敬业度和忠诚度。

ADP 自动数据处理公司的切尔西设计中心（Chelsea Design Center）有意为员工打造一个轻松友好的工作氛围，鼓励团队携手合作、聚力创新。在该设计中心的办公大厅中央，设有一块巨大的电子显示屏，各设计组均可利用该屏幕与其他设计组进行联机编程。

近十年来，大多数工作场所都贯彻了致力于弥合人与人之间物理距离的设计理念。然而，苹果、谷歌等巨头已领悟到，偶然相遇擦出的火花往往能带来出人意料的惊喜。换言之，一场偶然的邂逅，无论是巩固企业文化，抑或是激发创新思维，皆能发挥至关重要的作用。

亚马逊网络服务公司的人才副总裁迈克尔·阿雷纳在其力作《适应性空间》（Adaptive Space）中，深刻阐述了让员工保持物理邻近及开设"第三空间"（third place）的必要性。所谓"第三空间"，既非职场，也非家庭，而是其他如咖啡厅、茶室或酒吧等场所。第三空间的开设意在让员工暂时从繁重的工作和家庭琐事中脱身，让心灵得以休憩。

诚然，对于大部分人而言，办公室或办公桌往往代表着"任务至上"，而非"突破常规"。试想，当我们渴望跳脱现有业务模式，探索新路径时，是否会很自然地离开自己工作的方寸之地，去户外走一走？答案是肯定的，企业同样需要为员工提供这样的"适应性空间"。

打造包容、多元和公平的企业文化

企业若欲繁荣昌盛、一帆风顺，除了熟谙经营艺术，更关键的是要弘扬包容、多元的文化。如今，团队协作已蔚然成风，故员工获得公司认同与尊重比获得金山银山更可贵。在势不可当的企业中，多元与包容的理念早已走出人力资源部门，成为塑造职场氛围的关键要素。因此，多元与包容的理念须深入公司的根脉，从而激励全体员工施展才能、焕发光芒。

然而，诸多企业却疏于察觉内部的排他之风。一项由麻省理工学院与哥伦比亚大学联合进行的研究表明，"微冒犯"（暗箭伤人）在企业中猖獗滋生[1]。基兰·斯奈德（Kieran Snyder）曾经供职于微软，现为 Textio 公司的首席执行官。该公司致力于剖析组织中的偏见。基兰以亲身经历讲述了一个发人深省的故事。她说，当她踏入公司的数学角时，两位男士对她说，设计角在走廊的另一头。估计在他们看来，女性通常

---

[1] "当前对微冒犯的认识：个人和社会"，美国心理科学学会，2021 年 9 月 13 日。

"不懂"算术[①]。可悲的是，类似的事情在团队中屡见不鲜。企业高管责无旁贷，应采取坚决行动对这种现象说"不"。

除此之外，招聘、晋升和薪酬等方面的偏见也是让人始料未及的。美国云服务巨头赛富时（Salesforce）开展了一项有关性别歧视的研究，结果表明，女性雇员在同等岗位上的薪酬比男性低11%。因此，公司首席执行官马克·贝尼奥夫（Marc Benioff）立即拨款300万美元来填补这种薪酬差距，并承诺今后收购的每家企业都将杜绝此类问题发生。

多年来，德勤一直锐意探寻包容、多元的企业文化。公司曾发起名为"服务员，我的汤里有那个吗？"（Waiter, is that inclusion in my soup?）的研究，结论揭示，倡导包容、多元的团队在财务和运营方面表现卓著，领先其他团队80%。无独有偶，我曾经的同事朱丽叶·伯克（Juliet Bourke）在其研究中也获得了类似的发现，即性别多元的团队更显安全感，种族多元的团队更具创新精神，而跨代多元的团队则更易走向成功。总之，倡导多元不仅是一条正途，还能为企业带来丰厚的收益。

要知道，包容、多元和公平（DE&I）也是塑造客户品牌（customer brand）的关键因素。在关于DE&I的调查中，那些表现出色的公司，如索迪斯、通用磨坊、联合利华、雀巢、康明斯、铁姆肯和雪佛龙，皆因优异口碑受到客户和求职群体的

---

① "如何消除工作中的'微冒犯'"，《快公司》，莉迪亚·迪什曼，2017年3月7日。

喜爱。因此，它们在 Glassdoor 的评分往往高于业界的平均水平。

近期，我们进行了一项名为"提升公平性与多元化"（Elevating Equity and Diversity）的研究，进一步探讨了这一议题。该研究在 2021 年完成，结果揭示，在疫情期间，那些高度多元化的组织表现优异，其业绩遥领同行。除此之外，该研究还发现，企业关注员工心理安全与归属感需求，不仅能助力少数族裔员工振奋精神，提高工作热情，同时也能激发全体员工奋发向前，全心全意投入工作。

一些调查显示，重视社会责任感的企业胜过仅以财务业绩为导向的企业。《美好企业：通过使命与激情创造卓越绩效》（*Firms of Endearment: How World-Class Companies Profit form Passion and Pourpose*）一书的作者对一些注重社会责任感的企业进行调研发现，将诸多利益相关者（包括员工、顾客、投资者及整个社区）的需求融入企业文化的公司，其 30 年内的业绩比标准普尔 500 公司的表现高出 8 倍[1]。

身处当下，我们需要考虑的多元化因素愈发丰富，包括性别、年龄、种族、国籍、身体状况、心智能力，乃至情绪状态。以翘楚之姿领跑多元化的思爱普公司，精心打造了一套全面的"超越偏见"业务计划和产品线。此外，思爱普还为自闭症人士设立了专属方案（他们经常测试软件）。同时，公司热

---

[1] 《美好企业：通过使命与激情创造卓越绩效（原书第 2 版）》，拉金德拉·西索迪亚、戴维·沃尔夫和贾格迪什·谢斯著，Pearson FT Press 出版，2014 年 1 月 17 日。中文版由机械工业出版社于 2020 年 8 月出版。

衷于提升女性领导力，并在晋升激励、工作任期、员工离职和人才选拔等方面努力实现一视同仁。

诚然，多元化的培训颇具吸引力。然而，要想以此转变人们的行为模式却困难重重。大量的研究显示，对这类培训的投入既未降低公司面临的诉讼数量，也未提升多元化水平[1]。一项时间跨度超 31 年的追踪研究发现，多元化培训并未给普通工作场所带来积极影响[2]。研究指出，企业对员工进行多元化培训的力度越大（若培训质量不佳，可以粗暴地指责员工隐含偏见），则越难以营造多元化的企业文化。

那么，究竟该如何应对呢？现以雪佛龙（Chevron）[3] 公司为例加以说明。作为包容、多元的先锋，该公司将包容、多元作为安全问题对待，对偏见持零容忍的态度，并将之视作整个业务流程中的问题，而非仅作为教育问题来处理。通过成立多元化委员会，雪佛龙审查每个关键的人事决策，以确保少数族裔申请者受到公平的对待[4]。在涉及晋升、加薪或调任等问题时，均交由其业界同行组成的委员会进行审查，以确保公平公正，秉公办事。

这一流程优于培训，主要体现在三个方面。第一，它通

---

① "多元化培训不起作用"，《哈佛商业评论》，彼得·布雷格曼，2012 年 3 月 12 日。

② "美国企业的多元化管理"，Contexts 杂志，弗兰克·多宾、亚历山大·卡列夫和艾琳·凯利，2007 年秋季。

③ 世界最大能源公司之一，总部位于美国。

④ "促进人类进步"，雪佛龙。

过明确的业务流程，将公平的理念制度化。第二，它让每个人都肩负起了了解和推动包容文化的重任。第三，它剥夺了管理者的个人权力，使任何管理者都无法凭一己之力操纵决策。

最后，补充一点，卓越的公司将多元化视为商业战略，而非仅作为人力资源计划。塔吉特公司（Target）的首席多元管理官基耶拉·费尔南德斯（Kiea Fernandez）就是一位卓越的商业领袖。她在产品、定价、门店选址、供应链及内部实践等诸多方面都实施了多元化与包容性的战略。换句话说，多元化和包容性战略覆盖了公司的方方面面。

举例而言，塔吉特公司的使命旨在"让每个人每天都感受到美好"。这一使命暗含着帮助不同社区的低收入、中收入和高收入家庭找寻负担得起且优质的日用品。这意味着，塔吉特公司要在低收入社区开设门店，以公正与包容的态度招揽员工、支付薪资，并积极推动少数族裔晋升至管理岗位。凭借这些努力，该公司连年喜获多元化奖项。

许多客户告诉我，多元化并非一个待解决的问题，而是一种工作环境该有的自然状态。换言之，是开放包容的企业文化孕育了多元化，而非多元化孕育了开放包容的企业文化。我们的目标并非让员工了解差异，而是教导他们如何彼此倾听、共同协作和相互尊重。正如IBM在20世纪80年代所言，对每一个体的尊重是一项重要的企业价值[1]。这些正是势不可当的企业所倡导的文化价值之所在。

---

① 《商业及其信念》，IBM，山姆·帕米萨诺。

倡导认可员工并乐于聆听其心声的企业文化

正如第 3 章中所述，企业文化往往以员工的激励机制为核心。然而，激励机制并不局限于金钱和福利层面。

马斯洛的需求层次理论为经营之道指明了前进的方向，见表 4-3。公司必须先满足员工更基本的需求层次，如薪酬、福利和工作场所安全。只有在基本需求得到满足后，员工才能追求更高层次的需求，实现更高境界的突破。这也是卓越企业的制胜法宝。例如，我在分析 Glassdoor 数据库时发现，员工在评价公司的整体表现时，对"机遇"与"文化"的重视程度，比对"薪资"的关注度高出 3.5 倍，见附录 2。

除此之外，认可度也是影响员工绩效的关键。据我的研究显示，推崇赞扬文化的企业，员工的主动离职率比平均水平低 30%。

表 4-3　马斯洛需求层次的商业应用

马斯洛需求层次理论（从高到低）	该理论的商业应用
自我实现	使命、目的、成长和职业发展
尊重和成就	工作价值、赞扬和积极反馈
爱和归属感	团队合作、管理者共情、悉心、耐心和灵活度
安全需求	工作场所安全、身心健康和包容性
生理需求	充足的薪酬、福利和办公工具

资料来源：乔什·贝新公司，2021 年。

在我早年任职于 IBM 时，在每月一次的例会上，部门经理有时会向上一年表现优异的员工颁发 1000 美元的奖金支票。

从某种程度上讲，这种传统的表彰活动确实催人奋进。但我却暗自思忖："无论怎么努力，我也没有可能成为其中的一分子。"在我的内心深处，总觉得这些支票是一种政治奖赏，而不是真正的认可。

今天，我激动地告诉诸位，一个意义非凡的赞美时代已然降临——借助社交工具的"一键三连"功能，我们能够向他人传递正面反馈和嘉许。迄今为止，我已采访了众多运用这些工具的高管，他们所在的公司均高踞 Glassdoor 排名前列。这并非仅因为这些公司"善待"员工，而是因为"赞美"确实收获颇丰。研究已揭示，仅仅一句"谢谢"便足以释放"拥抱荷尔蒙"（oxytocin），让人更开心、更自信、更团结。

诚然，倾听员工心声与认可其成就同等重要。员工非顾客，也非投资人，而是患难与共的战友。他们将家庭收入、时间及个人精力与公司紧密联系。因此，公司务必关切员工的感受，在困境来临时向他们伸出援手，在机遇降临时与他们携手共进。

时下，许多公司的首席执行官和领导，仅将倾听员工视为定期参与度调查的简单手段，以期提高员工的留存率。尽管这种做法有其益处，但难以跳出既有模式，更难以破解难题。如今，提升员工的参与度和参与感，已经不再依赖于定期的调查，而是需要通过多种渠道去聆听员工的声音，听取他们的建议，让他们参与到公司的决策中来。

毫无疑问，势不可当的公司在倾听员工心声方面表现卓著，令同行相形见绌。因此，各个企业都应将倾听员工的心声视为文化追求。换言之，所有领导者，无论是首席执行官还是一线管理者，皆应关爱员工，营造融洽氛围，让大家敞开心扉、畅所欲言。同时，对于员工提出的意见，不能听一听就算了，一定要将之用书面的形式加以记录。

除此之外，员工大会、团队反馈会议和"事后诸葛亮"会议也不可或缺。企业还可通过设置"意见反馈箱"虚心听取员工的意见和建议，集思广益，解决问题。以 IBM 为例，该公司在全球范围内建立了在线头脑风暴会议（jams），助力领导者擘画诸如薪酬制度、远程办公等政策。

在微软，每天都有超过 2500 名员工接受调查，以确保全体员工季度调查频次不超过一次。这些数据有助于人力资源分析主管道恩·克林霍弗（Dawn Klinghoffer）及时发现员工可能面临的问题，如精疲力竭、精神紧张，从而对其施以指导，助其摆脱阴霾。

聆听员工的心声也会带来意想不到的收获。一家大型制药公司的首席执行官曾言，员工在本质上是客户的代言人。如果员工的情绪低落，客户必然会感受到。因此，不能把倾听"员工心声"当作人力资源部门的任务，而应将之视为公司业务的一个关键流程。总而言之，员工的情绪、反馈和意见对招聘、留任和参与度至关重要——它们是客户感知的直接体现。

打造公平开放、锐意进取的薪酬制度

如何才能满足马斯洛需求层次的基本需求呢？一个好消息是，当前的工资和福利已经相当透明，薪酬制度也在悄然发生蜕变。不过，若企业想要跻身势不可当之列，仍须把握若干

关键要素。

第一，现今的薪酬水平已经相当透明，不再是昔日高层捧在手心的机密。诸如安德普翰（ADP）、领英、Glassdoor、Payscale、Salary.com 等供应商已汇聚了薪资数据，为员工提供了相当精准的参考。因此，员工可以轻松地查阅自身的职称、职位、工作年限及工作职责，并随时了解他人的薪资水平。在过去，人力资源经理须向调查公司购买这些数据。而如今，借助网络，这些数据唾手可得。

这种改变是翻天覆地的。过去，在工业模式下，员工的薪资被划分为不同的级别。如前所述，管理者必须说明为何要调整员工所在的级别。那时，管理者将员工视为劳工，并未真正尊重每个人的市场价值。

过去，无论是在埃克森工作还是在 IBM 任职，我从未对自己的薪酬提出疑义。因为我深知其中的惯例，即薪酬与职位是紧密相连的。归根结底，尽管薪酬的确定需要经过一道审查程序，但我究竟能拿到多少钱，完全由上级领导决定。

如今，这一切都在经历彻底的变革。诸如谷歌这样的公司已将管理者从薪酬决策过程中剥离，改由同级管理者组成的委员会共同商讨，而一线管理者则仅作为决策参与者参与其中[①]。其结果就是，同事之间的薪资往往差别很大。例如，某

---

① 《重新定义团队：谷歌如何工作》（*Work Rules: Insights from Inside Google That Will Transform How You Live and Lead*），拉斯洛·博克（Laszlo Bock）著，Twelve Books 出版，2015 年 4 月。中文版由中信出版社于 2015 年 12 月出版。

位德高望重的工程师可能比坐在隔壁的同事多赚 30%~50%。

第二，我们应以明确的工作标准为基础，而非仅凭职位来界定薪酬。回顾一下从"职位"向"工作"观念的转变，若雇员因参与不同的项目而导致每年的工作内容都不同，应该如何确保其薪资的公平呢？在思科、瞻博（Juniper Network）、巴塔哥尼亚等公司，薪资是由多种因素共同决定的：工作表现、个人技能、声誉、社交网络、领导才能及发展潜力等。同行间可相互评估这些薪资因素，为每位员工量身定制更符合其实际经验与能力的"薪酬级别"。

美国户外运动品牌巴塔哥尼亚的首席人力资源官迪恩·卡特（Dean Carter）研发了一套简洁的结构模型，以帮助员工更好地掌握未来发展趋势。在巴塔哥尼亚，员工的基本工资随着团队精神、核心工作表现及技能发展而增长。奖金则取决于员工个人目标的实现程度。换言之，工资与奖金是分开计算的。倘若某人达成个人目标，但未对整体团队做出贡献，那么他/她很可能只能获得奖金，工资则保持不变。

第三，丰厚的薪酬待遇应视为战略竞争优势，而非沉重的负担。按照传统，为降低"时薪"，首席执行官会跟雇员"讨价还价"，常让员工心生抱怨。导致该类现象的罪魁祸首就是所谓"员工工资愈微薄，公司获益愈丰厚"的那套管理哲学。

然而，当今社会，局势已今非昔比。只有薪资足够优渥，才有可能招揽到竞争力更强的应聘者，提升员工对企业的忠诚度，打造一支更加高效的企业团队。如今，钟点工的工作朝不保夕，难以获得经济上的安全感。研究表明，能在紧急情况下拿出 1000 美元的美国人不足四成。许多美国家庭根本没什么积蓄，平均信用卡债务高达 6270 美元。近 70% 的千禧一代在毕业 10 年甚至更长一段时间后，仍未还清学时贷款。

我们的研究揭示，卓越的企业会开诚布公地与应聘者讨论薪酬问题，积极主动地调整薪资策略，为员工提供全覆盖的福利待遇。当然，他们也会根据企业所在地点、员工任期长短及其绩效灵活地调整薪酬。通过对 60 余家实行个性化薪酬制度的企业进行调研，我们发现，卓越企业的平均薪资水平比普通企业的高 7%，人均薪资水平比普通企业的高出 28%。这说明企业的确能从公平开放、锐意进取的薪酬制度中获益。

立足当下，为每位员工量身打造薪酬方案已成大势所趋。这也意味着，企业需要运用设计思维（如定期调研和访谈），深入了解员工的需求。我们会用一种叫作联合分析（conjoint analysis）的工具。这类工具在对多方事物进行比较、厘析相对价值方面功能强大。联合分析在产品营销中也常用到。

运用联合分析，企业可建立薪酬和福利的"有效边界"（efficient frontier），精准掌握不同群体的利益诉求。如此，我们就能像对待客户一般对待自己的员工。新婚燕尔的年轻人或许视假期为至宝；临近退休的员工或许更关心自身的健康。如若企业能够深刻理解员工各自的内在动机，便能建立起一套势不可当的薪酬制度。

全面提升透明度

最后，让我们谈论一下透明度的重要性。平日里，我不时地在文章、博客和推文中读到大家对于职场或其他公共场所不良现象的讨论，如骚扰、性别薪资差异、歧视等。现今，随着 Glassdoor、kununu（德国雇主评级平台）和 Fairygodboss（女性社交网络平台）等网络平台的崛起，以及 Blind 和 Hyphen 等匿名网站的广泛应用，员工们得以畅所欲言地分享自己的职场经历。

公司经营水平日益透明化，犹如开启了潘多拉的盒子，类似的负面情况可能更容易曝光出来。在此情况下，建立信任至上的企业文化显得尤为关键。这意味着管理者、领导者和高管们需要欣然与员工分享各类信息，包括财务状况、客户情况、产品发展、内部运营，以及工作对个人生活的影响等。我在对 Glassdoor 的分析中，探究了领导者评级对其他指标的影响，发现公司评级和文化评级与员工对首席执行官和高管的好感程度密不可分。毫无疑问，保持透明度正是助力企业势不可当的关键所在，见附录 2。

 踏实前行

请与贵公司的领导和团队交流以下问题：

1. 你认为公司领导在推动和创造企业文化中的表现如何？你有没有讨论过这个话题？他们有没有意识到自己发挥了什么作用？

2. 你了解公司的企业文化吗？你多长时间做一次员工调查？

3. 公司工作环境的现代化情况如何？雇员对目前的工作环境满意吗？是不是需要重新考虑办公区的布局？

4. 公司有没有一套完整的员工福利计划或者提高员工幸福感的战略？你是否想过这些因素对员工的工作表现有多重要？

5. 谁负责公司的包容性和多元化建设？是人力资源部门，还是公司高管？若公司因鼓励多元化而登上头条新闻，你会为此感到骄傲吗？如果没有，你打算怎么办？

6. 你如何评价公司的认同文化？大家会为别人帮助自己做的一些小事而相互致谢吗？抑或是只有业绩冠军这样的员工才会受到认可和嘉奖？公司有没有建立员工之间表达感谢和认可的机制？

7. 公司的奖励机制有多宽泛，有多灵活，又有多现代？你是否评估过公司所有福利制度的实用价值？你是否经常更新它们？它们又是否覆盖了全体员工？

8. 公开透明、弹性灵活的企业文化是否让高管深感危机？还是说，他们乐于分享信息、个人经历及公司面临的挑战？

 ## 行稳致远

打造兼容并蓄的文化

企业应将包容之风融入企业文化，而非将其视为人力资源部门的孤立计划。换言之，要铸就具备包容精神的企业，非但需要人力资源部门的努力，更需要高层领导自觉担负起推广包容精神的重任。同时，公司还应审时度势，深刻洞悉企业多元化与偏见的现况；借助监察与评估等手段，督促管理者担起责任，推动决策过程的公平正义、兼容并蓄。

在雪佛龙，重大人才决策皆需经过多元化委员会的严苛审查。具体来说，部门成员可向管理者追问晋升背后的缘由，也可要求管理者重新评估候选人，以确保其真正具备所需资格。对雪佛龙而言，多元化实为其经营策略的重中之重。

安卡·威顿博格（Anka Wittenberg）曾任思爱普多元化和包容性的高级副总裁，现任德国世界儿童基金会的董事会主席。她倡导的多元化策略包罗万象，涵盖性别、代际、文化和能力（包括精神障碍人士和残疾人）、种族和出身。在任职思爱普时，安卡·威顿博格便设定并达成了女性占领导岗位25%的目标[①]。思爱普公司在引进自闭症患者方面不遗余力，其"自闭症工作计划"（Autism at Work program）已被视为其他企业招募神经多样性人才的最佳典范。因此，越来越多的企业正从中汲取经验，挖掘神经多样性人才的潜力，从而创造出类似的价值。

时至今日，层出不穷的新技术为管理带来福音。例如，软件可识别工作说明书中的性别偏见，分析人才决策，判断管

---

① "SAP 中的女性领导力：迈向 25% 的旅程"，SAP，苏·萨顿，2017年 7 月 21 日。

理者是否面试了更多的白人男性，或提拔了更多的出身显赫之人。此外，在面试过程中，技术手段可辅助识别候选人的种族，并通过观察面试官的眼神来判断其是否做到了一视同仁。

诚然，根深蒂固的歧视或许难以彻底消除，但那些积极参与公司管理的人必须加倍努力将之根除，并让包容和多元的文化在企业中扎根。

以设计思维打造充满吸引力与包容性的办公环境

企业应筑就既彰显包容文化，又顾及公司特殊需求和工作类型的办公空间。毕竟，仅仅追求开放式的办公环境，并非一概通行之策，因为每家公司均存在其独特性。

在我拜访过的办公室中，最满意的两处分属于两大咨询公司：一处位于加拿大，如前所述；另一处则在荷兰。这些建筑均为高耸中庭、巨型窗户与各类科技设备浑然一体的活动式办公综合体。窗户能根据需求调整，以达到最佳采光、降低反光之效；楼梯间设计开放，方便员工交流互动。这些建筑设计彰显了企业期待团队能跨职能合作的愿景。这样的工作空间，展现了公司致力于营造和谐共融、同舟共济的企业文化。

支付合理的薪资

通过分析 Glassdoor 数据库中的逾 4500 家公司，我发现员工对薪酬福利的认同程度是决定企业重要财务状况（如现金流和每位员工的赢利能力）的"风向标"（见附录 2）。换言之，财源广进、赢利丰厚的企业，员工对其薪酬体系的满意度往往

更高。

相关案例不胜枚举。诸如美国连锁超市韦格曼斯（Wegmans）、开市客（Costco）、星巴克、谷歌、领英与哈利伯顿（Halliburton）等高薪企业，其业绩均遥遥领先竞争对手。究其原因，这些公司深谙公平薪酬和为高绩效员工提供高于行业平均水平的薪酬，能向外界传递组织重视员工的信号。一旦员工感受到组织的关爱，必将尽心竭力、勇创佳绩。

提供目标明确的福利

在当今弹性工作制盛行的职场中，大家似乎总是忙得不可开交。因此，为能创造更理想的工作环境，诸多雇主提供了站立式办公桌、午休室、乒乓球室、桌球室甚至保龄球馆等场地和设施。旧金山一家颇有名气的公司，更是在办公室配备了开放式酒吧，里面摆满了世界顶级的美酒佳酿。

尽管企业为员工提供的福利项目推陈出新，但我的研究显示，单纯的娱乐活动并非有效激励员工的方法；更明智的做法是有针对性地进行设计，以实现特定的目标，如吸引新员工、减轻财务负担或激励员工加班等。

以软件商多宝箱为例，公司每日供应三顿膳食合理的健康餐。如此一来，那些为房贷犯愁的年轻程序员便可省下一笔不菲的开支。近期，该公司将晚餐时间调整至晚上 7 点，以鼓励员工多工作一段时间。

疫情之前，中枢实验室（现被威睿公司并购）为了激励员工早到公司，每天早上 8 点都会提供热气腾腾的早餐，而后

9 点便打烊。因此，员工早早就会到达公司，一起享用早餐，再参加每天 15 分钟的公司立会。作为局外人，我认为这种做法恰到好处：大家群策群力，共商工作事宜，然后在上午 9 点 15 分各自奔赴工作岗位。

全面看待员工的幸福感

然而，光配备健身房、休息室和高薪厚禄，并不足以让员工身心愉悦。更重要的是，企业需要深挖员工紧张、焦虑与疲惫之源——这些都会令员工工作效率备受打击。

毋庸置疑，我们确实需要抽出更多的时间以舒缓身心。从 1978 年到 2000 年，美国人每年平均休假 20.3 天。然而到了 2020 年，根据美国劳工统计局的数据，美国人的平均带薪休假天数仅剩 10 天[①]。一个名为"项目：休假"（Project: Time Off）的团队与美国汽车协会合作，对美国人的休假时间进行统计，发现每年有 6.62 亿个假期被白白浪费了。

基于此，企业领袖应率先垂范，率先享受应得的假期，以化解企业内部让人身心俱疲的"工作狂综合征"（work-martyr syndrome）。不仅如此，为保证员工度假期间得到充分的放松，公司不能让员工继续处理工作邮件。否则，会让他们误认为，休假时也需时刻预备战斗。在领先的基因科技公司 Illumina，每年有两次名为 Jaycation 的假期。这一别具匠心的

---

① "员工福利调查"，美国劳工统计局，2021 年 9 月 23 日。

命名来自前首席执行官杰伊·福莱特雷（Jay Flatley）。丹佛一家软件公司 FullContact 则以 7500 美元奖赏员工，条件是员工须遵守三大规定：①休假；②度假期间切断与工作的联系；③避免在度假时工作。然而，此举看似轻而易举，实则不容易做到。

同样，减少会议时长和频次也能有效缓解工作压力。我曾共事的几家公司皆安排了 20 分钟的会议或每日立会，以便员工利用这一机会舒展筋骨。其他公司也根据实际情况制定了相应的抗压对策。巴塔哥尼亚常在海滩召开员工会议，允许员工便装出席，并鼓励大家在阳光明媚的日子里尽情冲浪。安泰保险则推崇步行会议。

另外，还有数十种方法值得一试：

- 健康美食与滋补小点心：谷歌的前首席人力资源官拉斯洛·博克（Laszlo Block）分享了一则成功让员工摒弃高糖零食的佳话。他不过是将含糖食物藏至柜子深处，令员工不易找到。结果，员工瘦身成功，士气大增。
- 小憩时光：人们皆需休憩，因此许多公司提供了午睡室与休息室。
- 携宠物上班：Glassdoor、亚马逊、星佳（Zynga）和汤博乐（Tumblr）等公司，以及美国 17% 的公司允许员工将宠物带到办公室 ①。

① "6 家对狗友好的公司"，《宠物狗》杂志，萨萨夫拉斯·劳瑞，2018 年 2 月 26 日。

- 提供 VTO（Voluntary Time Off）和 PTO（Paid Time Off，带薪假）：赛富时每年为员工提供 5 天的"带薪志愿者假"，吸引了千禧一代蜂拥而至。还有一家大型咨询公司每年在美国举办一次"影响力日"。当天，整个美国业务部门都投身于当地社区的服务工作。
- 挖掘技术潜力：微软、甲骨文（Oracle）、思爱普（Success Factors）以及许多小公司已在人力资源软件中构建了幸福感平台。这些供应商允许员工参加在线培训、参与竞赛，并记录他们的活动和锻炼情况。

不容忽视的领导力

对于当今的领导者来说，以身作则尤为关键。换言之，领导者宜提倡开放的工作氛围，这一点已经被大量调研证实有益于营造畅所欲言、包容并蓄的企业文化。在我所见过的那些员工忠诚度极高的公司中，首席执行官的办公室也往往是开放式的。相比之下，不分昼夜地发送电子邮件或在周末召开会议，无疑是对员工私人时间或家庭时光的藐视。

在日本，一些公司奉行"上司先走"的习俗，导致员工难以准点下班。极端情况下，这样的做法还酿成了令人痛心的"过劳死"悲剧。2015 年，日本政府确认了 2159 例可预防的自杀和其他与工作压力相关的死亡事件，这也促使安倍晋三内阁出台了限制过度加班的新法律。其目的是培养一群不"开夜车"、不强迫员工加班的新生代领导者。

无论是作为企业领导人、团队领导者还是管理者，他们都肩负着树立典范的责任。如果能让员工腾出时间休假，取消早晨的例会，避免在周末处理工作邮件，提倡公平正义、宽容大度、健康快乐的企业文化，那么员工必将英姿焕发、踔厉奋发，与公司共同谱写辉煌篇章，走上势不可当之路。

5

是成长，不是升职

"要么向前一步，追求成长；
要么向后一步，追求安逸"

——亚伯拉罕·马斯洛，心理学家和
马斯洛需求层次理论的缔造者

你也许不太了解澳洲电信，但它是澳洲移动服务界的佼佼者，堪比 AT&T 在美国的显赫地位。2020 年，这家企业通过了一项举措，赋予员工一定的工作灵活性，不再强制要求员工在办公室工作。倘若是在几年前，这可能被认为是一种极端的举动。同样极端的是，澳洲电信领悟到一条真谛：工作模式因人而异。

我们都深知，有人在早晨神采奕奕；有人在午后灵感涌动；还有人在夜里精力旺盛。然而尽管如此，许多组织依然固守传统，要求员工在统一的时间和地点工作，并安排一名管理者监督，以确保工作效率。

澳洲电信却另辟蹊径。澳洲电信的转型、沟通和人员主管亚历克斯·巴德诺赫说："我们已经改变了管理模式，将重点放在了员工的社会契约上。"她接着说道："管理者的职责不再是监督员工的工作表现，而是为员工提供更多的支持和帮助，以助其实现职业目标，并为组织的价值观做出贡献。"

这意味着，如果贵公司想要势不可当，必须尽快学习。不仅如此，还要让学习成为公司整体人才战略的核心要素，助力员工摆脱层级和职称的束缚，使其在发展中逐步蜕变、薪资翻倍、日臻卓越。

在网络型组织中重新思考成长

正如前几章所言，势不可当的公司关注的是员工和工作本身，而非层级结构和职位。这些公司将产出、客户服务、品牌价值、工作方式视为成功的标尺，并不遗余力地追求附加价值的持续提升。

在经营贝新联合公司时，我一直不愿意让员工走上管理岗位。在我的管理下，公司全体员工都技艺精湛，勇于承担富有挑战性的任务，而且大家团结协作，取得了丰硕成果。我尽量免去中间环节的举措，让公司几乎每月都能赢利。

然而，当面临新挑战时，你会发现团队中缺乏完成任务所需的人才、技术和资源；销售团队开始走下坡路时，你想为他们提供更高质量的培训；财务部门难以找到赢利之道时，你专门为他们聘请一名顾问协助工作；营销团队对搜索引擎优化之类的新概念知之甚少时，你时而也会感觉自己已经落伍。你该如何应对这样的局面？是聘请外部专家，还是尝试利用公司内部资源，组建一支专业团队？

在经济低迷时期，许多专业人士都在寻找工作。我瞅准众多身怀绝技之人找工作之际，创建了贝新公司。然而，在当下经济紧缩的大环境下，企业难以招聘到足够数量的专业人才，组织必须自行培养。

多年以来，我一直在深入研究这一问题，发现优秀企业皆具备一个共性：崇尚学习型文化。这意味着员工拥有学习的时间，并乐于分享、愿意进步；同时，管理者在本质上既是教练、导师，又是教育者。

不过，对组织而言，学习的形式可不止一种。例如，团队暂停所有工作，探讨导致失败的原因；或者为某人分配一项新任务，以助其培养新技能；抑或是员工参加一门课程，完成一项评估，或找到一位导师等。这些都是学习。

然而，无论哪家组织，其"执行"和"学习"之间均存在一股内在张力。例如，在上班的时候，我们也许会面临这样的一个选择：是回复邮件，还是阅读自己想看的文章？坦白说，这种二元对立存在于我们每个人的脑海之中。但是，当组织给予我们学习的时间和机会时，我们便会把握住这些时间，投身到学习中去。IBM 的创始人托马斯·沃森（Thomas Watson）曾为所有员工提供了一张桌面标志，其上写有THINK（思考）。因为他有一句名言："忙碌无休并不能促使公司成长，唯有思考如何改进，方能实现公司壮大。"

当组织中出现技术空白时，你或许可以尝试雇佣合适的人来填补空白，但这往往并非明智之举。因为从外部挖掘人才往往耗时耗力，而且，即使找到了合适的候选人，也不一定能与企业文化相匹配。在与大型信息技术（IT）和技能培训公司 General Assembly 合作时，我们采访了多家银行，询问它们在招聘网络开发专家时所面临的挑战。我们发现将现有员工送至培训营，在 9 个月时间里学习编程，相较于从外部聘请开发专家，竟能节省 6 倍的成本。

那么，我们应如何在一个网络型组织中实现这一目标呢？就像那些势不可当的企业一样——将成长视作学习战略，而非

将升职作为学习战略。

是成长，不是升职

一言以蔽之，"是成长，不是升职"的管理原则强调无论做任何事情，都要优先考虑成长。的确，员工升职固然会发生，但这仅是结果，而非目标。

我早年在IBM、埃克森美孚及赛贝斯任职时，晋升之忧犹如顽疾，常伴左右。虽然并未过于在乎此事（毕竟我是大器晚成型），但我也常常感到忧心忡忡，因为晋升似乎是员工得到组织认可的唯一标志。

鉴于我并不擅长职场的攀升之术，故晋升机会寥寥。于是，我全身心地投入工作，从中寻找乐趣。回顾四十五年的职业生涯，我深感这是我最明智的选择。

几个月前，在与几位同事闲谈之际，我曾谈到涉足过众多领域的工作，他们都颇为惊讶。不错，我担任过技术维护工程师、系统工程师、销售代表、市场销售经理、产品专家，也曾做过高管。在此之后，我陆续出任商务拓展总监、产品管理高级经理；接着又任过市场营销副总裁、销售副总裁、产品管理副总裁等职，最终晋升为首席执行官和行业分析师。

纵使头衔众多，但多数职位都是平级调动，谈不上升职。之所以选择接受这些新职位，原因有三：第一，这些工作有趣；第二，能让我学到新知识；第三，公司需要我担任这些职位。回首过往，我发现自己每年都在成长。

当然，我也遇到过一些新机遇，但这些机遇都需要自己离开供职的公司才能获得，因为当前公司，有一些我永远无法逾越的层级。在当时，我所在的那些公司都等级森严，因此为了成长，我需要在不同的公司之间穿梭。

如今，随着企业逐渐走向网络化，我们必须在组织内部营造这样的氛围：无论升职与否，都要让员工实现成长。在这里，我并非说升职有什么不好。要知道，当人们意识到自己在学习和提升技能时，他们自然会明白，哪怕职位未发生变化，自己的身价也超过往昔。

那么，我们应该如何在公司中实践呢？

彻底改造职业生涯：刻不容缓

我们先来谈谈职业生涯的本质。时至今日，职业生涯已非我们在昔日童年时期所理解的那种单一递增的曲线。

各行各业都在朝数字化迈进。随着公司转型的陆续开展，越来越多的企业呈现出灵活、以客户为导向及注重员工体验的特点，因此，无论是财务、信息技术工程师还是销售等各个职业角色，也渐渐依赖自动化流程、科技工具及平台等手段，来更有效地推进工作。

科技发展不断变化，客观上要求各行各业的人员都要紧随时代步伐，随时更新自己的知识和技能，以适应瞬息万变的市场和商业环境。毫无疑问，当前企业对专业技能的需求空前高涨；销售、客户服务、医疗保健及通用项目管理方面的技能也同样备受青睐。因此，想在职业生涯中驰骋无阻，我们必须精通多种技能，做到运筹帷幄。

要知道，无论是身处基层还是管理岗位，持续学习已成为必备技能。正如我经常说的，"学习就像收入"，总是在不断变化。

劳动力市场分析公司 Burning Glass Technologies（现为 Emsi Burning Glass，技能与就业数据领导者）曾对全球范围内的职位、技能和薪酬进行深入研究，发现数据科学家的薪资在短短数年内激增率逾 300%，但随后出现回落。部分原因在于"机器学习"和"网络安全"等新兴职位开始取代数据科学家"一枝独秀"的地位。因此，无论我们扮演着何种角色，紧跟时代潮流至关重要。

以市场营销经理为例，他们通常负责策划、投放广告、挖掘潜在客户、维护公共关系及其他推广项目等工作。然而，在当今时代，市场营销经理的职责已大大拓展。除上述职责之外，市场营销经理还需要熟练掌握搜索引擎优化、社交媒体影响力营销（social-influencer marketing）、短视频平台销售，管理诸如赛富时、Hubspot、Marketo 和 AdWords[1] 等销售推广平台，评估营销活动预算，分析广告及网页表现，撰写充满创意的文案等。这意味着，若无法驾驭最新的数字营销技术，人们将面临被时代淘汰的风险。

大多数专业人士都清楚一个事实：员工离职的首要原因是"我什么也学不到"[2]。因此，倘若企业未能为员工提供学习

---

① Hubspot、Marketo 和 AdWords 均为数字营销工具。——编者注
② 《2019 职场学习报告》，领英学习平台，2019 年。

支持，他们则很可能会四处张望，寻求更佳机遇。我曾研究过Glassdoor 数据库的数据，并查阅了许多关于员工敬业度的研究，惊讶地发现，对于千禧一代的员工来说，获得学习和晋升机会对于他们向他人推荐企业的意愿，相较于薪资的重要性，竟高出 3 倍。这意味着，提供学习和晋升机会能够提高员工的留任率、参与度和忠诚度。

从组织层面看，若无法吸引并留住优秀人才，注定将举步维艰。这往往关乎企业的生死存亡。

从个人层面看，职业发展对于个人生活至关重要。根据2018 年领英的一项研究，人们最渴望学习使其更加胜任工作的技能，其次是成为更杰出领导者的技能，以及实现工作与生活平衡的技能。这些技能的掌握与否直接关乎个人的职场存亡。领英在其最新的 2021 年技能报告中，强调了通过提升现有技能和进行再培训来获取这些技能的重要性。

个人发展，我称为"个人重塑"（personal reinvention）。人人都应踏上个人重塑之途，不断追求更高的境界。不要再将自身限定在销售人员或高级顾问的角色中。只要你想，你就有可能成为任何你向往的角色——这是新时代管理职业生涯的策略。在现今社会，人们已不再像过去那样，一生逐次经历学习、工作、退休三个阶段，而需在这三个阶段间持续转换、循环，直至 70 多岁，甚至更久。

职业生涯的彻底变革

在 20 世纪初及 20 世纪 50~60 年代，职业生涯的发展大致遵循如下模式：先完成小学、中学教育，然后进入大学、技校或成为学徒，最后步入职场。于是，人们便一头扎进工作中长达30年，直至退休。

彼时，整个经济体系都以此模式为基础。孩子们需要在学校学习共18年。人们在基础教育阶段主要学习数学、阅读和其他基本技能；高中开始接触自然科学、社会科学和其他为步入社会做准备的科目；到了大学阶段，人们便可选择一个专业，并在毕业后追求其终身从事的职业生涯。

记得我读高中时，学校曾发放过一份《斯特朗职业兴趣表》（Strong Vocational Interest Blank），协助我们确定未来的职业方向。正是基于这项调查，让我重拾对科学和旅行的浓厚兴趣，还让我产生自己天生就是一名宇航员的感觉。后来，我根据这一职业测试，做出了攻读工程专业的决定，甚至一度怀揣成为一名空军飞行员的雄心。诚然，诸如此类的职业测试的确能为我们提供一定的启示，引领我们发现向往的职业航向。

不过，传统的职业生涯模式难免产生诸多问题。例如，随着人们寿命的增加，无论选择什么样的工作、职业和公司，都不可能一成不变，甚至随着时间的推移，这些工作、职业和公司也有可能不复存在，或发生翻天覆地的变化。如今，选择在65岁时告别职场的美国人仅约2/3。尽管这一比例在新冠疫情期间有过小幅攀升，但总体来看，呈逐年递减的趋势。

大多数人到了六七十岁，依然精力充沛，依旧怀抱继续发挥生命价值、贡献社会的愿望。这一年龄段的人不仅能将自身所积累的经验、技能和洞见运用于工作中，并且他们也乐

于这样做（例如我自己）。此外，许多研究表明，对大多数人
而言，退休无疑是一个噩耗。另有研究显示，退休可能导致自
我封闭、与社会疏离，甚至丧失自尊心。当年，我不得已从德
勤退休时，就不断听到一些合伙人退休不久便突发心脏病的传
闻。于是，我立下决心，誓言终身不退休！

多年以来，传统的职业生涯模式的弊端愈发显露出来。
然而，对于"一旦工作开始，学习便画上句号"这一假定，无
疑是该模式的一个鲜明缺陷。毫无疑问，这种观念荒诞至极。
我们深知，这肯定不对。但贵公司为五六十岁的员工提供了再
培训计划、训练营、新岗位培训及其他形式的学徒制培训吗？
我猜并没有。毕竟，在众多组织中，这些美好的举措似乎仅限
于年轻雇员，而希望拥有"终身"职业生涯的雇员则必须独自
摸索。不过凡事有弊也有利，因为这也正是许多组织迎接改变
的绝佳契机。值得关注的是，像 IBM 和西维斯（CVS）[①] 这样
的企业已经开始逐步解决这个问题。

当今世界正是一个学习、工作与娱乐不断涌现、相互交
织的时代，而这正是势不可当的公司所努力追求的方向。

势不可当的职业生涯模式

当今时代，势不可当的组织正在探索新型的职业生涯模
式。与往昔追求职位晋升的方式不同，这些组织更注重员工自

---

① 美国知名药店连锁企业，全称"CVS Pharmacy"，美国最大药品零
售商之一。——编者注

身的"成长"。因此，员工无须被迫沿着组织架构向上攀爬，而是可以通过提高责任意识、专业知识和薪酬水准来实现自我成长。如今，我们已经认识到，充实的职业生涯应包括规范化培训、富有挑战性的任务、参与新项目，以及在多个团队中发挥作用的机会。这样一来，即便不需要遵循固定的阶梯式晋升之路，个人也能够持续感受到自身的成长。也就是说，个人将不断学习新的技能，以坚实的步伐不断使自身增值。在我看来，职业发展不应是一个攀爬阶梯般的过程，而应是一段充满丰富体验的旅程。

这一转变将给组织带来深远的影响。首先，组织可能会改造阶梯式的晋升层级架构体系，转而倡导持续学习型的文化，鼓励员工按需培养技能、探索新领域、并向同侪学习。譬如说，一位销售人员欲转型从事市场营销工作，或者想要转入客服部或海外部门。无疑，此举不仅有利于员工的个人成长，而且能为组织和客户创造价值。可问题是，贵公司是否推崇这种跨部门的轮岗，并对此进行嘉奖呢？值得一提的是，在一些知名企业，如雀巢、IBM 等，诸如此类的工作轮换已是屡见不鲜。

其次，企业大学和学习与发展部门已经不只是传统的学习中心，而是一个整合了内外各种学习资源的一站式学习港湾，能为员工提供多样化学习方式。实际上，现代组织的学习模式更像是网飞（Netflix）模式，而非传统的大学模式。这意味着，人们可以像浏览网飞那样，寻找感兴趣的小组、项目，关注所尊敬的专家，突破时空限制，自由自在地探索。鉴于此，企业有必要建立一套促进随时可学的战略，而不仅局限于正式的培训课程。

当然，正式培训仍然不可或缺。数据显示，在全球范围内，公司的教育支出总额达到 1400 亿美元。其中，正式培训的占比超过 30%，预计到 2027 年，正式培训的费用将达到 4170 亿美元。然而，大量研究表明，现代学习已经呈现出多元化趋势，并融汇各行业专家、情景模拟，甚至包括虚拟现实技术等多种元素（例如，农夫保险利用 3D 虚拟现实技术培训汽车保险理赔专员，沃尔玛也采用同样的技术培训旗下的客户服务人员）。

以惠普的大脑糖果培训项目计划 Brain Candy[①]为例。其全球人才与学习部门主管麦克·乔丹（Mike Jordan）洞察到，公司需要一种能让技术专家互相分享知识的机制。于是，惠普倾力打造了占课程内容 65% 的学习项目，并广泛与公司内部的客户支持、工程、销售等职能部门共享。渐渐地，惠普内部涌现出了 1000 种学习途径。可以说，惠普成功地创造了一个学习港湾，让员工得以畅游于丰富的内容、课程和人才之中。更重要的是，该项目颠覆了传统的企业学习模式，使之更类似网飞或 Hulu 等视频平台。仅在第一年，高达 10 万次的学习活动基于这一项目展开。无论是婴儿潮一代，还是 Z 世代，惠普员工对此项目无不赞誉有加。

---

① 惠普公司创建的一个共享学习平台。——编者注

最后是总部位于丹佛的企业培训平台 Guild Education。Guild Education 为诸多公司的员工提供了卓越的教育资源，助力 6400 万未曾获得学位的美国劳动者成就学业。

当然，制定类似自主学习策略的组织还有很多。例如，美国第一资本（Capital One）就拥有一所致力于技术和数字技能再培训的企业内部大学。这一做法已被证明，与雇佣外部软件工程师相比，企业内部培养数字技能人才的成本更低。无独有偶，壳牌石油公司（Shell Oil Company）向来是支持员工学习的强大拥趸者，其已建立起一所完整的在线大学（当然，也有线下辅导），以帮助工程师、财务分析师和其他专业人士精进地学习地质学、各式能源及商业领域的相关知识。除此之外，加拿大蒙特利尔银行、维萨和美国银行也早已建立起全面的在线学习平台，让各级员工实现了信息共享。

企业渴望员工持续成长，原因是多方面的。因其不仅有助于员工提升技能和职业生涯，更能协助组织预防工作过时（job obsolescence）的风险。Emsi Burning Glass 的研究发现，随着自动化程度的提升，单一职能工作（如编码员、平面设计师或财务分析师）的价值正在逐渐降低；相反，混合型工作的价值正在持续上升（以薪资涨幅为评判标准）。混合型工作要求员工具备多样技能。

诸如移动端应用设计师、物联网工程师、大客户销售经理（large-account sales manager）、市场销售经理，甚至是生产专家等皆属于混合型工作范畴。要想成功胜任这些职位，员工就需要具备技术技能、项目管理技能、领导技能及沟通技能。

所以说，无论个人背景如何，人人皆应保持持之以恒的学习态度。

我在漫长的职业生涯中深刻地认识到，自己在 IBM 所掌握的技能远不能满足未来成长的需求。于是，我将目光转向销售、沟通、团队协作，甚至是市场营销等领域，历时四十年方驾轻就熟。幸运的是，当今的企业能够在内部提供混合型工作的成长契机，使员工可以持续学习、不断升华。

与维萨、第一资本等公司的高层交谈时，我常常听到类似的故事："起初，我们以数字技能提升（digital reskilling）为出发点，而后却发现，人们同样需要诸如项目管理、沟通、目标设定等软技能（soft skill），于是我们便扩大培训范围，将重心放在软技能的培养上。"这恰恰凸显了未来职场的另一面——拓宽员工的人际能力（human skill），从而为各项工作附加人性价值（human value）。

诚然，世人皆应主动求变，毕竟终生只从事一种工作的职业生涯模式已经过时。现今的职业模式更倾向于鼓励人们体验各种角色、工作和职能。因此，我们应该巧借东风、顺势而为。记住，对新领域和失败的恐惧是阻碍前进的唯一障碍。这正是人力资源部门应努力改善的方向——帮助员工构建积极向上的职业生涯规划。要做到这一点，人力资源部门就需要创造一个心理安全的环境，让人们明白：只要持续学习、勇敢尝试，无论成功还是失败，都不足畏惧。

具体应如何实施呢？经过多年的相关研究，我们已经构建了一个能够解读企业需求的学习框架。该框架认为员工成长建立在"四E"的模型之上：教育（education）、经验（experience）、环境（environment）、曝光（exposure）。本章后半部分将对此进行深入探讨。

每位管理者和雇员都必须将职业生涯聚焦在成长而非晋升之上。换言之，人们要时时思考：我是否正在追求一个拥有广阔发展前景的职位？我是否愿意接受超出自身能力范围的挑战？我的上司是否鼓励我学习新知识？我是否愿意在没有升职或加薪保障的情况下尝试某些工作？这些问题的答案是我们当下开启成功之门的钥匙。

要知道，应将职业生涯视为一系列体验，既满足个人的价值追求，又符合企业的赢利目标。作为一名领导者，我们需要善于运筹帷幄，充分发挥员工的才能，确保项目顺利进行。由于每个人都有各自独特的职业目标、追求和优势，这就需要领导者开动脑筋，采取灵活的策略，实现最佳匹配。值得一提的是，就在我撰写本书之际，一款全新的职业管理工具（career management tool）即将登陆市场，有望填补该领域的空白，使匹配过程更为便捷。

例如，联合健康集团开发了一个完整的自我评估门户网站，既能帮助各个职位的雇员评估自身能力，又能与成百上千的职位进行比较，甚至能帮其发现企业内部的新机遇。IBM 则推出了一款由沃森（Watson）人工智能技术驱动的职业规划咨询软件。英格索兰、施耐德电气和联合利华等公司也投入资金打造了一个全面的职业评估、培训和发展门户网站，旨在更好地协助员工和管理者寻找新角色（如今，新一代的人力资源工具可运用人工智能技术，为员工在公司内寻找最适合的发展方向。这正是人工智能领域快速发展的一个缩影）。

美国的 AT&T 也一改守旧的电信企业形象，积极投身于瞬息万变、竞争激烈的全球市场之中。为确保公司具备竞争所需的技能，人力资源部门对"上升型工作"（相对于"下降型工作"）进行了明确界定，并鼓励员工专注培养未来高需求岗位所需的关键技能。AT&T 对这一案例的推行，意味着员工需要在数据科学、网络安全和移动系统等高速发展的领域提升技能，而非在日渐式微的领域如 COBOL 语言和数字用户线路（DSL）上耗费精力。

现如今，AT&T 已经创造了一个世界级的学习环境，包括在线课程、微课程、内容共享及各种正式培训课程和实践机会。同时，AT&T 将员工成长融汇于组织文化中，因为公司高层深知，若不重视员工成长，公司将难逃诸多负面影响的困扰。其要求相当简单：每位员工皆有机遇拓展个人潜能、紧密契合公司需求。那些无法达到此要求的员工，终将与组织分道扬镳。

固然，并非所有组织都怀抱强烈的"成长"需求，但从实际情况考虑，它们理应如此。

在工业时代，企业仅需确定员工的学习内容即可，而在当今时代，员工必须保持警觉，不断学习新技能，并在必要时勇于拥抱变革。毋庸置疑，人人都应跟随这一模式，即使是最高管理层（C-suite）也应如此。

就在不久前，我会见了印度最大电信公司的首席执行官。

他向我透露，自己最近参加了一门关于 Python[1] 的在线课程。问及原因，他坦率地说："若要管理从事此类工作的员工，我必须了解这究竟是什么。"这正是领导者在职场中应具备的心态。

势不可当的公司在为新入职员工安排正规培训时，更加重视为其提供多元化的学习契机，包括个性化的微观、宏观学习；涵盖微课程与系列课程的线上内容；同时，还提供丰富的指导和团队支持。

一般而言，保证员工拥有一定的学习时间并重视其个人成长的团队（团队成员之间也经常培训他人），也是在企业内部培养学习型文化的另一重要优势。你可能觉得出乎意料，但美国军队的确为我们提供了一个绝佳案例。我曾在职业生涯早期时，与一位培训过诸多海军将领的军方高层共事。从他那里，我领悟到了美国军方的哲学："部队只做两件事：练兵和打仗。不打仗的时候，就练兵；打仗的时候，就将之当作练兵。"

企业所面临的挑战千变万化，然而不懈学习的原则却始终如一。百胜、安联保险、通用磨坊和许多其他公司都推崇工作轮换，鼓励员工从事销售至市场营销，直至信息技术和人力资源等不同领域的工作。毋庸置疑，这将为组织注入源源不断的灵活性，助力其在风云变幻的时代保持应变能力。更重要的

---

[1] 一种面向对象的解释性的计算机程序设计语言，也是一种功能强大而完善的通用型语言。——编者注

是，这将激发员工的自主精神和成长渴望，使之更加卖力地为组织贡献力量。因为他们深知，哪怕无法获得升职，仍能在组织内部重塑自我。

学无止境：建立学习型文化的必要性

我以前为埃克森美孚和IBM工作时，常常需要参加为期3~4周的刻板培训。这不仅意味着我要离开公司一段时间，也给老板带来了巨大的财务压力。如今，这类培训仍在进行，但越来越多的人利用在线学习平台，如网络研讨会、视频讲座和阅读资源等方式进行学习，而不是亲自前往现场。

然而，领导层也必须积极投身学习活动之中。曾任思爱普首席学习官的珍妮·迪尔伯恩（Jenny Dearborn）领导过一项综合计划，旨在重塑组织的领导模式、销售培训模式，并强调多元化、企业文化和员工投入。在其引导下，成百上千的重复项目得以解决，而且不同的学习管理系统也实现了整合。不仅如此，她还采取了统一策略，将公司旗下的所有学习和发展（Learning & Development）部门整合成了一个整体。

近日，我儿子在思爱普销售和售前培训学院（SAP Academy for Sales and Presales）获得了一次意义非凡的学习体验。他与来自世界各地的同仁共聚一室，共同参与了一项为期近9个月的培训计划，涵盖了一系列项目、正式学习活动、网络活动和高管互动。这一计划组织严谨细致，各方面要求颇高，且卓有成效。这反映了思爱普对学习的重视，哪怕是在员工职业生涯的初期阶段，也愿意斥巨资助推其成长。

归根结底，创建、维护学习环境是一个文化问题。如果一个组织或团队过于关注产出，而忽视学习和成长，那将很难如愿以偿达到预期目标。萨蒂亚·纳德拉在加入微软后立刻洞察到了这一点，他认为公司不能仅关注员工的收入和执行力，还需要奖励那些善于聆听、善于实践并促使自身不断成长的行为。于是，他在一封电子邮件中向全体员工表明，微软未来的发展将建立在团结、包容和成长的思维模式上。

我们坚信，拥有成长型思维模式的文化意义深远。这种文化植根于一种信念：人人皆具有成长和发展的潜力；潜力并非与生俱来，而是后天培育而成的；人人皆能转变自身心态。领导者的职责在于激发每个人的潜力，使个体在工作中均能达到最佳表现，并找寻到工作的价值所在。我们需要孜孜求知、不懈好奇；勇敢地面对未知、敢于承担风险；迅速行动、知行合一。我们深知失败是通往成功的必经之路，并坚信他人的成功并不会令我们的成就黯然失色。

从微软的商业哲学中，我们可以清晰地看到，学习文化是其核心所在。自纳德拉接任首席执行官以来，微软的股价已翻了两番有余，且其新推出的产品备受好评，具备巨大的竞争优势。在参观微软的时候，我就深深折服于其独具魅力的创新氛围和倾听之风。一位高管曾如是说："微软过去着力于将有头脑的聪明人士汇聚在一起，如今却更加注重倾听与团队合作。此转变已经取得了丰硕的回报。"这正是学习型文化所具备的威力。

要理解学习型文化，我们需要明白，这不仅仅是一个人力资源部门或学习和发展部门的问题，而是一种管理哲学、一系列激励措施，以及一连串的成功故事。我们开展的高影响力的学习文化（high-impact learning culture）研究，彰显了几个意义非凡的实践原则：表扬敢于冒险的员工、安排时间反思并探讨失误、给予员工从过失中吸取教训的自由度，以及激发员工勇于接受挑战性任务。唯有遵循这些管理原则，方能成为真正势不可当的企业。

正如杰夫·贝索斯在亚马逊网站上所言："我深信，亚马逊是世界上最能包容失败的地方……要想发明创造，实验必不可少。"

 ## 创新：始终学习，不断成长

我们深谙塑造学习型文化的诀窍，也从中获知，很多企业对员工的求知欲不够重视。近期研究发现，"好奇心"和"敏捷度"是员工在疫情期间成功应对挑战的关键特质。然而，我们针对高影响力学习文化的研究揭示，通常情况下，只有高管会因具备这些特质而受到奖励。更令人担忧的是，员工级别越低，求知欲的表现就越不明显，许多人只能陷入得过且过的境地。这是一个值得关注的问题。

我们对比了40多种管理实践和长期经营的成果，结果发现，在企业学习过程中，最关键的一种实践便是敢于正视并讨论错误。设想，当一位年轻员工请教你造成失误的原因时，你将如何回应？不妨花几分钟想一想可能的回答。

经过调查研究，我们确信，企业培训的核心主题应为"持续学习"。目前，这一理念已广泛应用于人力资源部门。如果你认为贵公司是一个倡导持续学习的组织，那就说明你们走上了职业生涯的康庄大道。诚然，年轻的职场新人很容易理解持续学习的重要性，毕竟这是他们成长的一部分。

我女儿大学一毕业就开始从事电邮营销工作，并很快学会了各种技能，如网站管理、电子邮件内容管理、搜索引擎优化和市场分析。后来，她意识到该行业发展的前景堪忧。有一天，她兴奋地跟我说："爸爸，我想做一名数据科学家。"就在不久前，她果断地换了工作，现在已经开始在数据领域大显身手了。

新型混合型工作的不可或缺

根据 Emsi Burning Glass 的研究，几乎每种工作都会经历类似的生命周期。一开始，往往独树一帜、待遇优厚，但人才稀缺。伴随求职者蜂拥而至，教育和培训资源也随之大量增加。然而，随着时间的推移，这些工作将变得越来越多元化，对专业技能、判断力、技术应用能力和社交技巧的需求也越来越高。

以领英和 Indeed 招聘网站为例，每年这些平台发布的招聘信息超过 3000 万条，其中沟通能力最受欢迎，涉及写作、演讲、说服和领导力等多个复杂领域。迄今为止，该技能仍是商界最受追捧的技能。

再如，社会对医生和护士的需求一直旺盛（实际上，医疗保健行业已经成为美国就业人数最多的行业）。这是因为学习和认证的要求限制了医护人员的技能和人数。然而，在实际工作中，医护人员不仅需要具备技术，还需要具备沟通和倾听技能，以及同理心和综合性思维，其职责非常多元化。由于医护人员需要不断提升技能，护理行业的薪资也在过去 15 年中大幅度增加。

随着企业向数字技术、数据分析和人工智能转型，惠普和 IBM 都经历了艰难的劳动力转型历程。即便如此，两家公司仍为员工提供了各种激励措施，鼓励其进行自我再教育。久而久之，那些能够抓住机会学习新技能的人便有望获得新的职业发展机会。

在当前的第四次工业革命（又称"工业 4.0"）中，有很多关于编码技能和软件工程技能是未来经济趋势的说法。尽管当前社会对这些技能需求很高，但从历史来看，这类工作在整个经济体中的占比仅约为 10%。相反，领导力和沟通能力仍在雇主寻求技能需求中稳坐第一把交椅。在 2021 年的超过 8000 万个招聘广告中，对软技能（也称为"持久技能"）的需求占了近 2/3。

 踏实前行

请与贵公司的领导和团队交流以下问题：

1. 公司是否坚持现有的职业模式？是否考虑过扩大视野，倡导以成长为导向的模式？是否可以牵头组建一个工

作小组，并与人力资源团队合作，探讨更广泛的职业
模式？

2. 是否研究过公司最高绩效者和最受尊敬雇员的实际职
   业生涯历程？是否能以他们为榜样，重新定义高绩效
   的含义？

4. 公司为员工提供了哪些工具，以帮助他们发现内部职
   位、角色和项目？公司是否将所有的空缺职位都在公
   司内部发布？公司是否鼓励管理者从内部进行招聘？
   即使员工是公司内部的员工，对于这些员工进入新岗
   位，公司是否会给予他们充分的时间和管理支持，以
   帮助他们适应新工作？

5. 公司是否有促进和衡量专业知识的措施？是否定期举
   办员工内部讨论、知识共享或由领导主导的培训计
   划？公司的技术和管理专业人员是否参加入职培训计
   划？员工可以轻易地寻求专家帮助吗？这些专家是否
   有奖励呢？

5. 是否考虑过改革公司的学习基础设置，比如设置正式
   的学习场所或企业大学？在现代企业中，学习与工作
   流程必须相互融合，员工需要依靠基于人工智能技术
   的提示、支持与建议进行学习。若公司长期以来未在
   此领域投资，如今正是好时机，因为技术和解决方案
   正在不断成熟。

6. 公司高层领导是否充分理解职业生涯在公司中的作
   用？他们是否支持员工？是否鼓励员工横向调动？是

否鼓励员工每天学习？要知道，成长型思维模式应始于高层领导。当高层领导重视员工成长，而非仅仅关注他们的晋升时，公司上下才能都受益。

 行稳致远

制定职业发展规划：为员工和管理层提供明确的职业指引

眼下，我们的当务之急是为员工制定一套契合实际的职业发展规划。尽管现在采用传统的垂直式职业模式的公司已经寥寥无几（仅剩 19%），但雇员仍然渴望得到指导。他们也想知道：下一步应该朝哪一方向发展？公司最需要哪些技能？应该成为管理人员、项目领导，还是专注于成为技术专家？公司是否有其适合的发展方向？

所有这些问题的答案不在他人那里，而在你自己的手中。实际上，诸如英格索兰和联合健康等公司，已为关键职位制定了详细的"成功档案"，使员工可以像外部求职者一样，通过这些档案在组织内寻找并申请新的职位。除此之外，这些公司还会利用多种途径帮助员工寻找新的工作机会，如使用 Fuel50（全球领先的人才市场平台）或内部门户网站。Fuel50 甚至能让管理者发布前景广阔的任务和兼职项目。

因此，是时候与公司高层领导开展一场关于未来几年所需技能的探讨了。这场对话将激发一系列关于战略和战术的

讨论。

当威达信集团（Marsh McLennan）将其保险业务由商品经纪业务转型为全方位的销售服务时，首席学习官和首席执行官齐心协力，共同开发了一系列新型客户关系管理技巧[1]。紧接着，这一框架又被进一步用于培训和评估公司全球范围内的各个部门，以助力员工了解其对转型后新环境的适应情况。

如今，无论是 IBM、通用电气还是联合利华，都在紧随这一趋势。同样，在考虑未来所需的技能时，这些公司还发现，协作、包容、全球意识和创新等个人能力愈来愈重要。不妨将这些要点记录下来，让贵公司管理者在讨论业绩问题时也加以讨论，并每年抽时间回顾一次。

伴随业务和环境的变化，这些公司每隔 24~36 个月便会更新其领导模式。这为员工提供了明确的指引，使他们清晰地了解应该专注于提升哪些能力，同时也能让他们进行自身评估，衡量其是否符合公司领导层的期许。

将奖励机制与未来需求保持一致

如果员工换岗了，贵公司会给其奖励还是惩罚？如果一名资深员工跳槽到新部门却未接受相应的培训，贵公司会对其进行奖励还是惩罚？在为团队物色新成员时，贵公司是否鼓励管理者选拔内部候选人，而非外部专业人士？

---

[1]　采访自詹姆斯·拉什，威达信集团，2015 年。

　　贵公司的员工晋升的奖励标准是什么？贵公司更注重员工的技术专长、业绩表现、团队协作、客户服务还是客户关系维护？要知道，公司的奖励制度必须清晰明确，才能点亮员工的职业生涯之路，从而使之在势不可当的道路上踏实前行、越走越远。

　　值得关注的是，当今企业所面临的一个重大挑战，便是对未来缺乏明确的预见。举例而言，一家知名咨询公司深知自动化和人工智能将对审计业务产生重大影响。那么问题便也随之而来，如未来审计师需要具备何种技能并担任何种角色？他们能否提供审计之外的服务？如今，该咨询公司正全力为审计专业人士规划一条可持续发展的职业道路。

　　印度软件与服务业企业行业协会（NASSCOM），作为全球最庞大的信息技术专业网络之一，如今正迈入构建未来 IT 职业框架的启航阶段。目前，该协会正致力于研究安全、云计算、运营、移动和其他技术领域的新角色。为了实现这一远大目标，该协会计划推广一系列未来职业发展方向的相关项目，同时不断调整成千上万的培训计划，以适应这些新兴职业道路的需求。

　　美国云服务巨头赛富时于 2020 年推出了一款别具匠心的应用程序，以"寓教于乐"的方式引领用户轻松探索赛富时的创新开发平台 Trailhead。该平台为对赛富时及相关工作感兴趣的人提供了海量课程和资源，让学习之旅愉悦而有趣。更难能可贵的是，这一学习平台宛如破冰船，打破层级壁垒，可免费提供给任何一个想学之人。

　　在当今的企业环境中，持续的职业生涯发展意义重大，原因有三：其一，它能提升员工的专业素养，为企业注入源源不断的活力；其二，它能助力个人保持与时俱进的能力，提高客户黏性和留存率，强化品牌形象，吸引高绩效人才；其三，它能确保员工的专业与公司的业务紧密相连。虽然各公司每年在职业发展规划上的投入有 200~4000 美元不等，但我们的研究发现，这是笔无往不利的投资。

创建企业大学，无论其背后的价值如何

企业大学强势回归，这次它们怀着卷土重来的心态，以全新的面貌再次亮相。如今，我们称为"能力学院"（capability academy）。

21 世纪初，随着电子学习风靡大众，各大企业不惜下血本，纷纷创建学习管理系统，有的甚至创建了或实体或虚拟的企业大学。

然而，随着数字学习逐渐普及，人们对手机、视频平台和各种社交网络的依赖日益增长，企业平台活力不再。令人惋惜的是，我们发现员工（除了人力资源部门）对企业学习体验普遍持负面评价，净推荐值逐渐走低。这主要是因为企业的学习体验已经远远跟不上消费者学习体验飞速发展的步伐。

如今，企业的学习平台已迎来审视时刻。苹果、波音、麦当劳、通用电气、IBM 等巨头纷纷重新审视、设计这些平台，深刻认识到它们的不可或缺之处。它们为人们提供了更优质的学习、交流和成长环境，满足了学习者多样化的学习方式和需求。特别是在越来越多的工作从办公室转向家中的背景

下，这类实体场所俨然成为人们社交的新绿洲。

以德勤大学为例。十年前，德勤陷入困局，合伙人们忧心于如何压缩预算，如会议场地、培训场所及其他高成本合作项目。后来，德勤提出了一个二选一的倡议。其中，A 计划旨在建立一所重视培训、协作和领导力培养的实体顶级大学，B 计划则是创建一所虚拟大学（投资超过 2 亿美元），力图在网络环境中实现这种学习体验。

一番激烈的辩论之后，半数以上的合伙人投票支持实体大学。于是，德勤大学横空出世，成为全球企业艳羡的先进学习殿堂。德勤大学以设计思维为核心，充满活力、协作紧密，每时每刻洋溢着成就感。这所大学不仅配备各类现代会议室、顶级健身房及源源不断的咖啡供应，还提供健康美食及休闲娱乐设施，让人有宾至如归的感觉。

如今，拥有超过 32 万名员工的德勤，正借助持续学习、职业发展和相互协作蓬勃发展。德勤大学也成为员工学习、社交和放松的理想之地，并成功跻身美国企业学习机构的前十名[1]。值得一提的是，德勤模式也为欧洲和亚洲的企业所纷纷效仿。

能力学院模式

随着企业纷纷拥抱科技及在线学习平台，一个振奋人心的学习模式崭露头角——能力学院。这类组织致力于长期能力

---

① "十大企业大学"，Chief Learning Officer Exchange。

提升，旨在加强特定领域能力团队的综合素质与竞争优势。

销售与领导力学院（sales and leadership academy）便是众所周知的典型，而现如今的企业不仅创办了数据科学、网络安全、精算经济学等学院，甚至还涉足数字营销学院。这些学院由业界领袖领衔，并得到了人力资源部门与学习和发展部门的大力支持。

例如，第一资本将其处理和系统迁移至云端后，创建了一所完善的云计算技术学院。同样，全球最大的水泥供应商墨西哥西麦斯（Cemex）也成立了名为"供应链学院"的机构，旨在传授有关骨料、黏结材料等复杂的供应链知识。此外，数字工作流公司 ServiceNow 正在筹建一所专注于信息技术服务提供和员工体验的内部学院；英特尔则在组建覆盖人工智能技术和数学领域的学院。同时，诸如好事达和利宝等企业，也已经建立了精算经济学、索赔管理等战略技能学院。

当今，企业大学依旧重要，但如何发掘公司成功的"制胜法宝"已跃升为企业大学发展的重中之重。作为企业领袖，你有责任扶持、参与并推动该举措在公司内落地生根。随着技术和业务的演变，它将助力公司紧跟时代脉搏、腾飞翱翔。

文化：重视发展并从公司的错误中学习

尽管"文化"一词意义模糊，但我们依然总结出了十大最佳实践[1]，用以打造学习型文化，详见表 5-1。

---

[1] "40 个创建赋权企业最佳实践"，德勤子公司贝新，2017 年 10 月。

经过近两年的研究，我们发现这些成功的策略已成为部分企业的"金字招牌"，从而使其影响力日益卓著[①]。在这一分析中，排名前 10% 的公司在市场中占据领先地位的可能性要高出 32%（创新领域的领军者），员工生产力高出 37%，对客户需求的响应能力高出 35%，成为市场份额领导者的可能性高出 17%。显然，学习型文化至关重要。

表 5-1 打造学习型文化的十大最佳实践

1	领导人愿意接受负面消息
2	鼓励提问
3	公司的决策过程透明清晰
4	员工接受超越其现有知识水平的项目，以促进其发展
5	员工可以参与工作的决策和规划
6	公司会给予奖励并重视那些愿意学习新技能的员工
7	公司鼓励员工尝试新点子，如果失败了，也不会惩罚员工，反而会助其分析原因，并从中学习
8	公司认为学习新技能是一种有价值的时间利用方式
9	员工认为学习和培养技能是有价值的，并愿意为其花时间
10	员工积极主动地负责自己的职业发展之路

资料来源：乔什·贝新公司，2021 年。

采取整体全面的方法

在学习型文化中，线上课程和面授课程应当齐头并进，

---

① 《高影响力学习文化》，贝新公司，乔什·贝新，2010 年 9 月。

相辅相成。实际上，企业应该通过多种渠道构建全面的学习体系。我们将这种方法称为"四 E"——教育、经验、环境和曝光，如表 5-2 所示。

表 5-2　学习型企业的四大要素

教育（Education）	公司提供正式和非正式培训，包括面对面培训、在岗培训和在线学习培训。其中，课程或正式培训流程为其典型形式
经验（Experience）	通过安排员工进行新领域的任务、项目和工作，提升其在该领域的技能和信心
环境（Environment）	建立一种鼓励学习的文化，管理层应积极提供反馈和辅导，助推员工持续进步。同时，管理层应心胸宽广，正视过失，并帮助员工从中吸取教训，以促进未来的工作改进
曝光（Exposure）	员工有机会与公司领导、内部专家、同事及行业意见领袖等人面对面交流，从而扩展视野、发掘新机遇

资料来源：乔什·贝新公司，2021 年。

如今，建立全面的学习体系比以往任何时期都更为便捷。企业可以充分利用 Coursera、优达学城（Udacity）、领英、技软（Skillsoft）、General Assembly、Pluralsight 等精心设计的在线学习平台，为员工提供技术和专业技能方面的在线培训。此外，慕课（MOOC）还为追求技能提升和深入了解某一主题的个人提供了免费课程，其中蕴含诸多由斯坦福大学、麻省理工学院等顶尖学府呈现的精品课程。同时，诸如 BetterUp 这样的教练平台也适用管理者和员工，助其才华与潜力向外拓展，从而迈向更高层次的教练之路。另外，内部分享平台还可以让员工快速分享、推荐或创建内容，以促进知识的共享和传播。

近年来，随着"个性化学习""自适应学习"等新兴平台的崛起，微学习领域也呈现激增的趋势。这些平台会根据员工的角色、需求及学习经历，精准推荐相关培训。

几年前，英国电信集团（BT Group）的首席学习官参加了我们公司举办的一次研讨会。作为一名人力资源主管，这位首席学习官认为，公司面临的巨大挑战是持续培训服务人员，使其能够在全球范围内修理、维护并替换那些陈旧的电话系统。因为在很多时候，维修技术员抵达现场后，根本不知该如何处理。他们只是瞥一眼那些陈旧的系统，便离去了。

这种做法不仅浪费资金，而且会引起顾客的不满，进而损害公司的品牌形象。考虑到公司在全球范围内已安装了大量设备，即使进行再多的正规培训，也无法确保每位员工都能完全掌握并理解每一台设备的运行机制。

因此，这位首席学习官告诉我，他决定采取一个全新的策略。他决定为每位服务代表配备一台小型摄像机，要求其在修理旧设备时记录整个过程，并将视频发布在公司的学习门户网站上。其他技术人员可以观看这些视频，并对其进行评分，有价值的视频会逐渐上升至榜首。不到两年的时间，这种知识共享的实践为公司节省了数百万美元的维修费用。可以说，该首席学习官为英国电信打造了一个类似油管网（YouTube）一样的平台。

教育：利用数据和人工智能提高学习效果

星巴克面临的一项挑战是如何让咖啡师精准地掌握公司

提供的各种咖啡知识。如今，星巴克采用了一款新兴的人工智能工具——Volley。它能够自动地扫描公司最新的咖啡手册，为咖啡师提供简明扼要的提示，甚至可以在他们尝试新配方时进行测试——这一切都无须经历正式的培训。

除了各式各样的培训课程，xAPI（新一代学习技术规范）在数字化学习过程中也成了一项重要手段。企业平台可以借助 xAPI 来追踪员工的学习行为，包括阅读博客和课程的完成情况等。此外，xAPI 不仅可以帮助企业构建类似于广告推荐引擎的平台，而且可以为企业提供针对员工的个性化建议、规划及与工作相关的培训。现今，如万事达、维萨和美国银行等公司已经开始将该技术用于促进员工的学习效率和职业发展。

经验：奖励专业技能

绝大多数科技公司皆为工程师制定职业生涯规划，引导其晋升为"高级技术员"或"高级工程师"。要知道，能拿到这一头衔，简直是高科技公司的最大荣誉了。我有一位大学好友，在设计领域工作超过 40 年，如今在高频芯片设计领域享有盛名。尽管他需要兼顾人事管理和项目管理的职责，但"高级技术员"这一称号让他颇感欣慰。众多员工受之启发，争相追随。说实话，这种做法在科技公司中屡见不鲜，我相信未来的更多企业也将采纳类似的措施。

同样，你也可以为自己公司的项目领导、财务领导或其他技术人才设立类似"高级技术员"的角色。

环境：关注管理和领导力

要想营造蓬勃向上的学习型文化，领导者需要深谋远虑，将学习理念融入组织的方方面面中。比如，在计划失利时，企业是选择激励团队成员先暂时停下来反思一下，找找其中的错误，还是对整个团队一罚了之？值得一提的是，势不可当的企业从不回避错误，反而会公开讨论。

同样，企业是否奖励那些培养跨部门技能人才的管理者，还是更倾向于奖励那些垄断人才的管理者？我曾与一家企业合作，他们根据管理者推荐员工跨部门晋升的数量支付其薪酬。这一奖励机制如一股清泉，滋养管理者的心田，激励其有意识地为组织注入活力。

还有，企业是否提供充足的预算和自由度，以支持管理者获取内外部的学习资源？企业是否奖励团队与他人分享所学？企业提供的学习机会是持续不断，还是仅在定期的培训课程中提供？企业是否给予员工尝试新技能的机会？企业是否仅将员工固定在某个特定的职位上？

毫无疑问，创建学习型文化是一项漫长而艰巨的挑战，但它是企业迈向势不可当之路的必由之路。

曝光：重视和奖励关系的价值

在传统垂直式的职业生涯模式中，员工通过积累经验、权力和责任来获得晋升。然而，越来越多的研究表明，在组织中，个体的影响力与他们建立的内外人际关系网络息息相关。

那些能够与组织内外的人建立稳固联系，并彼此尊重的个体，往往拥有更大的影响力。

在势不可当的公司中，一位备受敬仰的资深专业人士可能成为同事们的楷模和领导者。要判断这个人的影响力，有几个问题值得考虑：是否尊重他 / 她，追随他 / 她？对于别人正在做的事情，他 / 她是否愿意倾听并给予理解？他 / 她是否能带来新想法并知道该如何将之变为现实？

在当今职场上，诸如建立合作关系、深入了解公司运营模式等能力已经成为充实职业生涯不可或缺的基石。若贵公司渴望成为势不可当的企业，就必须打破传统框架，赋予员工实实在在的激励，如充足的时间与丰厚的奖赏，让他们在广泛交往、精通业务的同时，成为内部备受尊敬的领导者。以此为基础，公司将势如破竹，一飞冲天。

6

是目标，不是利润

"只有聚焦目标，方能绩效卓著。"

——卢英德，百事公司前首席执行官，2010 年

1930 年，荷兰人造黄油公司 Margarine Unie 与英国肥皂制造商 Lever Brothers 携手同行，共同开启了联合利华的传奇篇章。虽然创业初期历经严峻的挑战，但如今，声名显赫的联合利华已跻身势不可当的组织的典范。

回溯岁月的长河：联合利华从成立之初的单一公司，逐渐发展成为汇聚诸多品牌于一身的产业巨擘，旗下不乏立顿、本杰瑞和多芬等世界知名品牌。一路走来，公司始终秉持对客户健康、环境关怀与社会公益的承诺。作为以可持续方法加工茶叶的先驱，旗下品牌立顿已荣获雨林联盟（Rainforest Alliance）的认证，以确保茶叶种植过程的可持续性。

为了将可持续性理念深植在公司的文化中，联合利华的首席人力资源官莱娜·奈尔（Leena Nair）发起了名为 People with Purpose 的全球计划。该计划旨在为公司 30 万余名员工提供培训，让其深刻领悟目标的深远意义，并要求他们撰写个人目标宣言，以表达个人的人生抱负、职业规划，以及希望在时光流转中铸就的辉煌业绩。

这些鼓励员工在工作中展示真实自我的个人目标宣言，彰显了联合利华的包容精神。不仅如此，宣言的影响还远超个人范畴：管理者和领导人可以借助这些宣言作为决策辅助工具，如确定员工的下一个最佳职位、选拔合适的人选参与新业务或新项目，以及重塑公司架构，以便最大限度实现员工的目标。奈尔将这一计划称为"点燃人人心中的激情之火"（ignite the human spark in everyone）。

由于联合利华在全球范围内推广该项目，使公司的人力资源部门得以不断完善，同时，员工通过讨论目标、分享见解并提供建议，不断为这一过程注入新鲜活力。借此，奈尔的团队得以深入了解员工的学习进程，识别出哪些员工正在积极学习并实现目标，进而找到最适合他们的职位。毋庸置疑，正是秉承人才流动、岗位适宜这一最高价值观，联合利华得以内外兼修，让员工心怀目标感和公民身份，成为势不可当的组织。

🏔 转变：是目标，不是利润

诚然，利润之于企业，是天大的事，因为这既关乎企业自身的资产保值，也关乎其融资能力，进而推动企业蓬勃发展。然而，真正激发企业腾飞动力的核心，则是对目标的执着追求。只有明确目标、实现目标，才能激发员工内在的热情和创造力，进而发挥无限的潜力，创造巨大价值。如今，随着人们对收入不均、移民、偏见和歧视等问题的日益关切，我们已步入一个强调"公民身份"的新时代。作为企业，我们期待员工时刻关注公司的蓬勃发展，在协助同仁成功的同时，关注客户需求、回馈股东，并承担社会责任。

事实上，联合利华的目标已超越员工的个人目标宣言，广泛地触及诸多社会层面。2021 年年初，该公司宣布了一系列雄心勃勃的承诺和行动，旨在提升生活水平、促进包容性，并应对未来愈发错综复杂的商业环境，以期缔造更公平、更具包容性的社会。其中的一项重要举措便是，确保在 2030 年之前，所有直接为联合利华提供产品和服务的人员均能够获得足够的生活费用。目前，联合利华正在逐步实施该计划，全力推动整个产业链建立相应的标准，从而创造出一个互利共赢的美好局面。

联合利华的人力资源执行副总裁杰伦·威尔斯曾和我谈到过另一项遍布全公司的 ESG 重点项目。所谓 ESG，即指环境（environment）、社会（social）和公司治理（governance）因素。ESG 之所以重要，是因为投资者、客户、评估机构和公众通常据此对企业的可持续性做出评估。谈到联合利华推出的一项名为"举手之劳，守望相助"（Raise a Hand, Lend a Hand）的项目时，威尔斯阐述道："我们鼓励员工在面临成长机遇、风险和其他关键事项时，坦诚地提出他们需要的支持。与此同时，我们也倡导那些闲暇时间较多的员工向其他同事伸出援手。"他继续说："这个项目就像是给我们注入了一针催化剂，让我们在工作中迸发出了惊人的力量。"

此外，我与联合利华的消费者洞察主管进行了深入探讨。她表示，现今的消费者追求个性化的产品和服务，以满足当地社区的需求。这就意味着产品需要采用当地种植的原材料，由当地制造，同时针对地域需求进行精心设计，以彰显与当地社区息息相关的特色。正是这种理念促使联合利华、通用磨坊、雀巢等企业推出了丰富多样的地方品牌、口味和产品。此外，人们也都想为振兴本地经济出一份力。

同时，她还表示，如今的消费者不仅仅追求产品本身，更看重产品所能带来的全方位体验。无论是乘飞机、逛亚马逊，还是进店铺或用餐，人们所期待的绝不仅仅是舒适的座椅、尖端的科技或诱人的美食，更在追求一种愉悦的体验。因此，企业必须让员工与顾客产生共鸣，真正理解并关注顾客的需求。也就是说，企业要将目光从单纯的赢利和销售，转向顾客的满意度和忠诚度——引导员工意识到自己使命的重要性，进而探寻实现这一使命的艺术。

在研究 Glassdoor 员工敬业度行业趋势数据时，我惊奇地发现，教育、政府和医疗保健这三个行业的员工评价高居榜首（见附录 2）。尽管这些领域未必拥有最丰厚的薪酬、最具活力的氛围或最高端的科技，但奋斗在该领域的人们满怀使命感。究其原因，投身这些行业的员工深知自己是在真正地帮助他人，因此对自己的工作和所在机构总是抱有满腔热情。

Glassdoor 发布的《2021 职场趋势》（*Workplace Trends 2021*）为上述观点提供了有力的支持。这项研究着重指出，越来越多的员工渴望在多元、公平和包容方面看到实质性的成果（详见第 4 章），而非仅仅停留在口头承诺上。这也成了五大职场趋势之一。除此之外，越来越多的员工渴望未来能够不囿于办公室，而能根据自身情况选择从事远程工作还是现场工作。值得关注的是，该研究还揭示，雇主们也翘首企盼实现这些目标，因为这不仅意味着能吸引来自世界各地的优秀人才，还能有效降低办公成本。

　　企业应该如何确立目标并实现目标？企业的高层领导必须扛起大旗。同时，企业各个层级的员工也需要积极参与进来。如今，许多银行已经认识到，自身的业务不仅仅是提供金融服务，更是通过资金的有效使用帮助人们改善生活，如购买房屋或支付大学学费。药品巨头如辉瑞和赛诺菲专注于关注人类健康和福祉，而星巴克则专注于为人们打造"第三空间"的汇聚场所，正如第 4 章所述。

　　塔吉特公司始终秉持"为所有家庭带来生活乐趣"的使命。注意，是"所有家庭"哦！最近，我刚刚与其首席多元化和包容性官基耶拉·费尔南德斯（Kiera Fernandez）探讨过DE&I 的话题，她透露，公司制定了战略优先事项、目标和指标，并将 DE&I 视为业务核心。她继续说："这样一来，DE&I的企业文化就深深融入了公司的日常运营中，真正践行让所有家庭感受快乐这一宗旨。"

　　诚然，通过明确使命和目标重构企业的故事已屡见不鲜。全食超市缔造了可持续食品市场的领导地位，达维塔保健（DaVita）则以关注心脏病患者的健康和生活为己任；桑斯博里超级市场（Sainsbury）以"满足国民的饮食需求"自诩；桑坦德银行（Santander Bank）和加拿大皇家银行（Royal Bank of Canada）则宣称其目标是帮助客户和社区更好地管理和改善财务生活。

　　这是另一个关于寻找目标的故事。

　　在过去的十年里，飞利浦逐渐察觉到其照明业务已日渐走向大众化，无法像医疗和其他领域的产品一样利润丰厚。为了提升整个公司的价值，公司决定将照明业务剥离出去，让投资者能更明确地洞悉该业务在其他领域的价值。

显然，飞利浦管理团队并未任由其照明业务放任自流，而是对此进行了彻底的改革。他们请来了一家咨询公司，通过一系列小型股东会议，对各个层级的员工展开了长达 3~6 个月的访谈。在访谈过程中，顾问们向员工提出了如下问题：

- "我们的传统是什么？我们的历史是什么？"
- "我们的企业文化是什么？我们希望如何对待员工？"
- "我们想成为什么样的公司？我们如何成为全新的
  公司？"

在每次会议上，这些外部顾问都在引导员工仔细思考，究竟哪些价值观应该被传承，哪些则应该被淘汰。

对于前者，员工们希望延续飞利浦在"工程文化""品质追求"及"人才培养"方面的高度重视，同时也渴望维系公司在照明行业中的开拓性地位。

对于后者，员工们明确表示，公司不应盲目追求利润和产品，而忽视创新和创造力，应该摒弃陈旧的管理模式，不该过度强调成本。员工们期待探寻一种更贴近大众需求、亲近客户的方法。

经过长达 6 个月的访谈研究，飞利浦团队在此基础上制定了一项新战略——不再单纯销售灯泡，而是提供集成照明系统（integrated lighting system）。这种系统为企业提供数字化的全流程解决方案，其中包括室内外光照和温度的使用与控制。更重要的是，它的设计目标是打造一个让用户充满活力、提高效率的工作环境。这一战略不仅需要技术和工程的支持，还需要重新规划产品战略，并在与客户合作方式上进行重大调整。因此，员工需要更深入地了解客户需求，提供有针对性的解决方案，以更好地服务客户。如此一来，飞利浦照明更像是一家咨询与服务公司，使员工与客户的关系也更加紧密。

由此，飞利浦成功地实现了自我重塑。现在，该公司通过改善人们的生活来定义自己的使命，并将其战略定位为"光，超乎所见"（light beyond illumination）。以下是飞利浦照明的使命宣言：

身为全球领先的照明公司，飞利浦已经引领照明行业超过 125 年，并在普通电灯和 LED 灯等领域率先推出了改变世界的创新方案，引领智能照明系统向前发展。由于深谙照明对人类生活的积极作用，我们矢志创新，为客户创造新的商业价值，并通过提供丰富的照明体验，让人们感到安心无忧、舒适专注、精力充沛、乐趣无穷。

作为飞利浦照明，我们积极推动智能照明服务的发展，并利用物联网技术改变建筑、城市和家庭，不断提高能源的使用效率，用更环保的方式管理工作环境，使城市更安全、更智能。同时，我们也以提升人类福祉为己任，着力发挥光照在康复和健康方面的作用。飞利浦照明，正以其不断创新的姿态，引领未来智能照明的发展。

试问，谁不想成为其中的一员呢？

历史观照

企业究竟应该着眼于经济效益还是社会效益？这一令经济学家热议的问题，可追溯至 18 世纪中叶，现代经济学之父亚当·斯密对"看不见的手"的探讨。其核心观点在于，当企业致力于追求利润时，他们不仅能推动经济增长，还能为社会创造就业机会、财富积累和全面的经济繁荣：

当商人们都尽力将其资本投在国内产业上，并通过细心管理来使生产物达到最高的交换价值时，社会的年收入也自然会随之增加。商人们的初衷，的确不是增加公共利益，所以，就连他自己在客观上增加了公共利益，他们也不知道。他所考虑的，只是自己的安全，他们宁愿将资本投在国内产业上，也不支持国外产业。出于自身利益的考虑，他采取了可能使其生产物达到最高交换价值的管理方式。他在自身利益这只看不见的手的指导下，不分场合地为达到一个并非他本意想要达到的目的而努力着[①]。

亚当·斯密等早期的经济学家认为，建立一个强调个体主义的经济体系，将催生经济繁荣和财富积累。该经济体系

[①] 《国富论》，亚当·斯密著，富强译。北京联合出版公司。

下，商人们为了满足消费者的需求，不断地输出商品和服务，进而推动社会进步。然而事实证明，这些理论并非总能尽如人意。

自 1776 年 ① 以来，美国历经了数次的经济衰退、股市崩盘、自然灾害和科技带来的未知冲击。而且，每隔 7~10 年，股市就会陷入动荡，失业率飙升，退休金缩水。值得一提的是，这些动荡还给人们带来了巨大的心理压力，影响着人们的健康状况。

除此之外，一些其他的问题也不容忽视，如气候变化对经济的影响、收入差距加大、性别和种族之间的工资差距，以及职场骚扰等。美国皮尤研究中心的预测显示，到 2050 年，绝大多数美国人将不得不面对收入差距持续扩大、生活品质逐渐下降、环境日益恶化及政治分歧日趋严重等严峻挑战。

正值本书创作之际，爱德曼（Edelman）在其最新发布的《信任度调查报告》（Trust Barometer）中指出，多重危机肆虐之际，我们面临重重挑战，这让企业角色变得至关重要。在全球范围内的 33 万多名受访者中，大多数人认为，品牌肩负着与系统性种族主义和种族不公进行抗争的责任，并表示企业应采取必要的措施，以确保内部员工的比例与国家整体的种族比例相符。实际上，超过 2/3 的消费者（64%）表示，他们会根据品牌在社会问题上的立场来决定是否购买，甚至选择放弃支

---

① 美国于 1776 年签订了《独立宣言》，亚当·斯密的经济巨著《国富论》也是在 1776 年出版的。——译者注

持或转向其他品牌，这一比例较 2017 年的 51% 有所上升。

这份年度消费者调查揭示了一个发人深省的事实：在公众心中，对企业的信任度高于包括政府和媒体在内的其他任何机构。此外，多达 3/4 的受访者（美国占 72%）表示，他们相信自己的老板能够做出明智的抉择。

因此，企业应将这一理念付诸实践，以不辜负员工的期望。况且，这一理念由来已久。早在 20 世纪 40 年代，强生公司便将其融入企业信条中。时至今日，强生公司一直秉持这一信条，兼顾股东利益与医生、患者、员工等利益相关者的责任和义务，以确保各方利益协调互补。

我们要对世界各地和我们一起共事的同仁负责。我们必须提供包容性的工作环境，并将每一位同仁视为独立的个体。我们必须尊重他们的多样性、维护他们的尊严，并赞赏他们的优点。要使他们对其工作有安全感、成就感和使命感。薪酬必须公平合理，工作环境必须清洁、整齐和安全。我们必须支持员工的健康和幸福生活，并帮助员工履行他们对家庭的责任和其他的个人责任。必须让员工在提出建议和申诉时畅所欲言。对于合格的人必须给予平等的聘用、发展和升迁的机会。我们必须拥有能力出众的领导者，他们的行为必须公正并符合道德。

我们要对我们所生活和工作的社会，以及整个世界负责。我们必须在全球的更多地方支持构建更完善的医疗保健服务，帮助人们拥有更健康的生活方式。我们必须做好公民——支持

对社会有益的活动和慈善事业、改善医疗和教育，并缴纳我们
应付的税款。我们必须维护好我们所使用的财产，保护环境和
自然资源。

20 世纪 60 年代，乔治·戈伊德（George Goyder）在《负
责任的公司》（*The Responsible Company*）一书中阐述了股东
如何影响企业在社会和环境责任方面的表现。1962 年，肯尼
迪总统签署《消费者权利法案》（Consumer Bill of Rights），呼
吁保护消费者权益，提高企业透明度，并在产品和服务中充分
考虑环境因素。

1970 年，美国迎来首个"地球日"。当日，超过 2000 万
人走上街头，举行了一场关于环境保护的和平示威。1971 年，
绿色和平组织（Greenpeace）创立，为环保运动注入了更多蓬
勃生机。随着 20 世纪 80 年代的来临，环保运动如火如荼，其
中，佛蒙特州两名退学大学生创立了冰激凌品牌本杰瑞，并自
豪地宣布将公司利润的 7.5% 捐赠给当地社区。时光荏苒，虽
然本杰瑞已成为联合利华的一部分，但其始终坚守着引领社区
关注、员工公平和环境意识的先锋精神。

20 世纪 90 年代，全球对气候变化的关注日益加强，世界
贸易组织、世界可持续发展工商理事会及《京都议定书》应
运而生，旨在呼吁企业采取行动，修复对环境造成的损害。21
世纪初，第一批"共益企业"（B Corps）获得认证，其中就包
括承诺生产严格履行安全和道德标准的巴塔哥尼亚公司和本杰
瑞公司。值得一提的是，每年黑色星期五（包括 2020 年的线

上黑色星期五），巴塔哥尼亚都将当天利润的 100％捐赠给保护空气、水和土壤质量的非营利组织。

放眼未来，在前瞻性领袖的引领和推动下，担负社会责任和贡献的企业必将越来越多。

以公民身份评估公司价值

20 世纪 50 年代和 60 年代，就有大批讨论如何提高股东价值和赢利必要性的书籍上市。如今，环顾全球，大多数股市投资者仍以财务业绩为核心，坚信企业的唯一目标在于追求利润。

然而，我并不完全赞同这一观点。不可否认，赢利确实是推动公司繁荣的引擎，但势不可当的公司更加重视以下三个方面：员工的忠诚度、奉献精神和工作干劲。因为在以服务为导向的时代，忠诚奉献、干劲十足的企业员工更容易为企业赢得客户的信任及拥护。因此，追求利润只是结果，而非终极目标。

万物皆有其名，对此，有人甚至创造了一个术语："自觉资本主义"（conscious capitalism）。该理念主张，企业在追求经济利益的同时，也需要关注其对社会和环境的贡献与责任。

2020 年，塔吉特公司在其年度回顾报告中，将以下举措列为公司取得的重大成就：协助农场主节省了 120 亿加仑①的水资源，提前 6 个月将员工的起步工资提高至每小时 15 美元，

---

① 1 加仑（美制）=3.785 升。

并为超过 500 家商店的屋顶安装了太阳能发电设备，成果远超预期。此外，塔吉特还向美国家庭捐赠了超过 8700 万份的餐食。试问，谁不愿意效忠于这样一家心系社会的公司呢？

在诸多经济周期（business cycle）中，员工满意度较高的公司往往业绩卓越，超越那些员工满意度不高的公司，如此规律在现行周期同样适用。就职于业绩卓越企业的员工，在经济下滑时，会以潜龙在渊之姿，积蓄力量、默默奉献；而在经济回升时，则一飞冲天，成就卓越。

这一策略在"公民身份"（citizenship）一词中得到了生动体现，代表着将个体视为社会成员的品质。从企业角度出发，公民身份意味着关爱员工、客户、股东以及所处社区。

我本质上是个资本家，也真心认为，一个经营得当的企业会让每个人受益，包括员工、客户和投资者。反过来，从投资者的角度来看，结论依然如此。

股神巴菲特之所以声名远扬，源于他钟爱投资那些具备坚实护城河（高门槛）的企业。他曾在公开场合表达过对可口可乐（一款营养价值不高的含糖饮料）、时思（See's Candy，一家杰出的糖果公司）和盖可保险公司（Geico，美国第四大汽车保险公司）及其他利润丰厚企业的喜爱。人们常称巴菲特为"价值投资者"，因为他在购买公司或股票时，会通过其现金流发掘别人看不到的价值。这一投资策略始于 20 世纪 30 年代，由华尔街教父本杰明·格雷厄姆（Benjamin Graham）首创，它基于对未来现金流（股息和股票升值）的预期来评估公司的价值。

然而，近期的研究显示，企业的公民身份已成为衡量公司财务价值的重要因素。实际上，诸如公民身份这样的无形资产，与创新、品牌、服务和知识产权等因素一样，在美国股票市场中占据了巨大份额，高达90%。不能不说，企业的公民身份与其价值密切相关，公司发展势头强劲，员工幸福感强，资产份额上涨；相反，公民身份感低，会为企业带来困扰。

以大众汽车公司为例。2016年，该公司在柴油排放标准方面作弊并误导美国监管机构而曝光。事件一经曝光，公司股价应声暴跌。世界各国政府也纷纷展开调查，并对该公司予以严厉处罚，不仅让公司遭受了巨大损失，也让其高层及德国国民颜面无存。过去20年间，大众汽车公司的股票几乎没有显著增长，而受该事件影响，公司股价比通用汽车低了近三成。

大众汽车公司是否为自身行为付出了代价？答案是肯定的。股价大幅度跳水，公司损失严重。之后，公司提出了在2021年将电动汽车销量翻番的宏伟计划，并承诺在2025年成为全球电动汽车市场的领军者，让投资者重拾信心。换句话说，即使一家公司的经营状况糟糕到了极点，人们也不会永远抓住过去不放。一段时间后，我们仍然可以根据本杰明·格雷厄姆的理论为企业估值。

对德勤千禧一代的调查：重大变革的证据

为何公民身份举足轻重？要探究其深层原因，我们必须关注最年轻的两个世代——"千禧一代"和"Z世代"的经济和社会状况。依据德勤的《2020全球千禧一代调查报告》，新冠疫情让这两代人下定决心，对其所在社区及邻近地区进行积极变革。调查结果还揭示，这两代人将继续督促企业与政府以民为本、以民生为先，将可持续发展置于核心地位。

对这两代人的调查还获得了一些其他的重要发现：气候变化和环境保护是千禧一代最关切的议题，其次便是医疗保健、失业率和收入不均；Z世代的受访者则同样将关注环境问题置于首位，接着是失业和性骚扰。随后的脉动调查也显示，气候变化和环境保护仍是其首要关切的议题，凸显了环境保护在两代人心目中举足轻重的地位。

迄今为止，两个群体中的大多数受访者都认同，全球气候变化已经发生，且这些变化主要由人为因素导致。大约4/5的受访者表示，无论企业还是政府都应在环保方面加倍努力。新冠疫情大流行让绝大多数受访者更加关注全球各地民众的切身需求。他们深感世界各族人民同呼吸、共命运，于是积极行动起来，改善个人生活、提升社区环境。

除此之外，2020年的《世界幸福报告》也得出类似的结论。新冠疫情带来的失业问题极大地影响了人们的幸福感，这在年轻人、低收入者和技能较低的工人群体身上体现得最为明显。总体而言，美国人的工作快乐指数逐年降低，越来越多的人感到压力很大、焦虑不堪。幸好，支持型管理（supportive management）与工作灵活性发挥了舒缓调节作用，成为提升职场幸福感的关键推动力。报告还指出："以往的研究表明，员工在家的办公时间越长，与上司联系的需求就越强烈。自疫情暴发以来，许多员工表示，自己感到难以胜任工作。这也再次凸显管理者与员工之间保持良好沟通的必要性。"

另一项发现让我印象深刻：社交联系仍然是主观幸福感（subjective wellbeing）的核心驱动力，并能够减轻艰难时期带来的负面影响。前面我曾经提到过，我女儿就职于一家蓬勃发展的小型软件公司。如同许多科技公司一样，这家公司位于旧金山，公司周边充斥着无家可归者、吸毒成瘾者和一贫如洗者。每天，我女儿从诺布山（Nob Hill）的公寓步行上班，沿途总会看到那些无家可归、饥肠辘辘，甚至精神错乱的人们。

近来，她发起了一个小项目，允许员工请一天假，到当地的社区厨房帮忙供应或准备食物。最初，公司的管理层并未加入该项目。然而随着越来越多的员工加入，他们意识到团结起来回馈社会的重要性。如今，全公司都在为这个项目共同努力。尽管资源有限，但企业领导明白这是他们对社会的责任。

这种价值观真诚有力，正在蓬勃发展。

赛富时：一个势不可当的公司案例

赛富时是一家势头强劲的企业，其核心业务是提供一款实现客户关系管理与销售自动化的软件平台。在卓越领袖首席执行官马克·贝尼奥夫（Marc Benioff）的领导下，赛富时已跻身为技术行业的翘楚。近年来，赛富时该公司屡创佳绩：2009 年，荣登首家实现十亿美元销售额的云计算公司；2017 年，成为首家达到百亿美元的云计算巨头；2021 年，企业在 Glassdoor 评级中荣获 4.5 分，名列行业前 10%。尤为难能可贵的是，几乎每位员工（97%）都对贝尼奥夫的策略赞许有加，公司也常被评为员工的理想之地。

　　赛富时在管理企业发展方面堪称典范。通常，在发展期间，企业运营压力最大。因为在此期间，执行官们个个都对企业的快速发展望眼欲穿，这就意味着雇员们要承担更多的工作。然而，处于这个阶段的企业往往在管理流程与系统方面不够完善。一方面，新产品层出不穷，客户计划与服务应接不暇；另一方面，员工的工作场所捉襟见肘。

　　不久前，我有幸与赛富时的员工体验负责人共事半天。她向我详述了公司的 Ohana Book 计划，彰显了该公司对员工的深切关怀。赛富时不仅提供带薪志愿者假，还积极倡导性别薪酬平等（正如前所述，首席执行官马克·贝尼奥夫多年来坚持为所有女性员工加薪，并确保每年都会重新审视这一问题）。此外，赛富时还热衷于发布与多元化、包容性相关的指数，同时对教育及社区活动慷慨投资。值得一提的是，贝尼奥夫身体力行，以个人名义向当地医院捐赠了数亿美元。

　　贝尼奥夫与其高管团队深知，若想成为一家势不可当的企业，必须立足于本书所述的原则基石：只有做优秀的企业公民，方能吸引卓越的人才。

整体定义公民身份

　　可能你不曾意识到，我们身边其实不乏身怀崇高公民身份的企业，如联合利华、宜家、韦格曼斯（Wegmans）、汤姆鞋（Toms Shoes）、巴塔哥尼亚、全食超市、飞利浦和马士基航运等。这些企业都在社会中发挥了举足轻重的作用，扛起了更多的责任担当。值得一提的是，这些公司大都起步于创始人

最初的满腔热情，且随着岁月流转，自身的思想境界也得以逐步提升，得到升华。

所以说，想要成为一名卓越的企业公民，须将各方利益相关者纳入考虑范围，包括投资者、顾客、员工、员工家属及服务的社区。如今，公民身份意味着生产对大众和环境无害的产品。要知道，公众期待各行各业的企业采取透明的措施，实现"净零"排放，即企业产生的温室气体总量与其从大气中移除的量达到平衡。

同样，公民身份也意味着企业必须缔造一个包容平等的内部环境，同时不忘关注全球医疗卫生需求。正因如此，企业领袖应当勇于担当，承担起自身的使命。尽管公司需要追求发展壮大、财运亨通，在激烈的市场竞争中站稳脚跟，但若想要长久立足，必须拥有"达济天下"的情怀，关注所有利益相关者的福祉。

踏实前行

请与贵公司的领导和团队交流以下问题：

1. 公司有没有最新的使命宣言？该宣言是否真实具体、催人奋进？如果有的话，请指出哪些项目、产出及投资是支持这一宣言的。

2. 当公司决定要拓展新业务、研发新产品或进行新收购时，高管们是不是从使命出发看待这些决策？还是说，他们更多地关注收入、市场份额和竞争地位？

3. 公司是否做过公司文化调查？是否知晓在哪些方面员工会竭尽全力完成公司任务，在哪些方面则不然？我们曾经对一家医疗保健公司进行过这一研究，结果发现，在患者护理方面，存在着一种以使命为导向的文化；而在财务运作上，却存在着一种运转不畅的负面文化。其实，这些问题都能解决。

4. 正如那句著名的说法："当我向美国国家航空航天局的一名清洁工询问他从事什么工作时，他会回答：'我的工作是帮助人类登陆月球。'"你的员工也能用类似的方式来回答这个问题吗（将自身工作融入企业宗旨中）？

5. 公司是否招聘有激情、有目标、有共同价值观的人？或者仅仅是在寻求顶尖人才，无论他们愿不愿意融入企业文化？你是否让你的雇员把他们的价值观写下来，分享给别人？

6. 有没有把听取雇员意见当作一项重要的企业文化价值？的确，每个领导人，从首席执行官到一线管理者，都应当放缓步伐，聆听员工的声音，为他们创造一种可以放下包袱、畅所欲言的氛围，并将他们的话放到心上。仔细听取他们的建议，不但会让我们做出更好的决定，也会让他们更有干劲。

 ## 行稳致远

试想一下，作为员工、管理者或高管，你把时间都用在

哪儿了？你是否曾参与过社区志愿活动？是否加入了当地教育或非营利组织的董事会？是否为本地项目投入了时间和资金？

经过深入剖析 Glassdoor 数据库中那些势不可当的公司，审视那些业绩卓著的品牌，我惊奇地发现，成就卓越的企业正是那些不断为社区作贡献的企业（见附录 2）。

以贝恩咨询公司（Bain & Company）为例。这家公司连续13 载荣获 Glassdoor 评选的理想工作场所。即便在 2021 年的新冠疫情中，许多人的工作与生活饱受影响，贝恩公司仍稳坐"最佳工作场所"榜首。Glassdoor 认为，这一排名实至名归，因为贝恩公司一直不遗余力地为创造更美好的世界献计献策。过去十年间，该公司慷慨投入逾 10 亿美元用于公益事业，并将其人才、智慧和洞察力传递至各大机构，助力解决教育、种族平等、社会公正和环保等重大议题。

诚然，在公司利益相关者的众多范畴中，越来越多的组织将员工视作首要的关注对象。这在很大程度上源于员工在疫情期间为维系业务运转所做出的英勇拼搏。不过，早在五年前，一批远见卓识的首席执行官便已向这一目标迈进。我还记得，曾参加过一家快速发展的人力资源科技公司举办的用户大会。会上，公司首席执行官兼创始人在 7000 名客户面前宣称："我要告诉诸位，在我的利益相关者名单上，你们并非排名第一。诸位在我心中仅次于我的员工。因为我坚信，只有优先关爱员工，员工才会善待作为客户的你们。"

在疫情引发的金融危机之际，许多公司深有感触。从某种程度上讲，他们也必须如此行事，这是为什么呢？如若员工无法妥善应对工作与生活的压力，公司就变成了一辆破败不堪的老爷车，随时都可能出现故障。诸如美国银行、摩根士丹利、星巴克和贝宝等企业，尽管 2020 年和 2021 年赢利前景堪忧，它们均做出保证不裁员的承诺。

"反对裁员的观点已得到研究支持"，这一论断已被《新闻周刊》和其他出版物所引用：

> 科罗拉多大学教授韦恩·卡西奥（Wayne Cascio）在其著作《负责任的重组》（*Responsible Restructuring*）中，详述了裁员所带来的直接与间接成本：遣散费用；员工未休假及病假工资的支付；重新安置成本；更高的失业保险税；业务复苏时重新招聘员工的成本；留任员工抗拒承担新职责，工作积极性下滑，降低企业生产效率；受损员工或前员工可能提起诉讼、破坏乃至发生工作场所暴力事件；离职员工所携带的特定技能、专业知识和经验流失，导致公司某些方面变得脆弱；员工对管理层的信任度锐减；生产力降低。

诚然，在经济低迷的阴霾下，企业还有一个更明智的选择——压缩高管薪酬。这正是体现企业公民担当的一种负责任的行为。根据薪资数据与分析公司伊奎拉（Equilar）的资料，2020 年，世界最大的钻石珠宝零售商 Signet Jewelers、西南航空、全球包装业巨擘维实洛克（WestRock）、美国连锁餐饮店克雷巴洛（Cracker Barrel）以及联合健康集团等公司均采纳了这一措施。

ESG（环境、社会和公司治理）因素已不再是往日那般
可有可无。如今，企业对 ESG 的遵循可能会对其赢利和品牌
产生深远的影响。对我而言，ESG 不过是以另一种方式阐述
何为"负责任的公民"。多年来，管理着 90000 亿美元资产的
全球投资巨头贝莱德（BlackRock）的首席执行官拉里·芬克
（Larry Fink）在向全球首席执行官们寄出的年度信函中多次强
调，他决不会投资那些忽视良好公民行为的企业。芬克坦言：
"无论是国有企业还是民营企业，缺乏目标意识的企业都无法
发挥最大潜能。"在其 2021 年致股东和投资者的信中，他告诫
众人，眼下世界最严重的难题便是气候变化。

过去一年，我们已经目睹气候变化导致的火灾、干旱、
洪灾和飓风灾害对人们生活的直接影响和危害。与此同时，我
们也看到了一些能源公司因此被迫放弃难以开采的资源而饱受
巨额经济损失，不得不对资产进行减值。除此之外，监管机构
也开始关注气候风险对全球金融体系冲击的问题。我们也愈发
关注能源转型将带来的巨大经济机遇，以及如何公正公平地实
现这一转型的议题。

他所传达的信息，直抵要害、铿锵有力。毋庸置疑，企
业是充满了人们梦想与希望，并生活于其中的港湾。然而，在
追求利润的征程中，企业必须兼顾多方利益，尤其在经营策
略、环保行动、员工福祉及社会责任等领域力求完善。唯有如
此，方能引领企业驶向势不可当的发展航道。

7

是员工体验，不是产出

"得员工人心者，方能攀至商业巅峰。"

——玛丽·博拉，通用汽车首席执行官，2013 年当今电信业的翘楚，德国电信，历经岁月沉浮，始终秉持创新精神，孜孜不倦地探索新技术，拓宽服务领域，勇攀新领域高峰。如今，德国电信已跃居世界百强企业之列，其对T-Mobile 和斯普林特（Sprint）的控股也是举足轻重。

自 2017 年起，德国电信开始在公司范围内开展设计思维，以保持其矫健迅猛的发展步伐。所谓设计思维，就是一种从客户或员工需求出发，并为其设计出迭代解决方案的流程，其在软件、产品设计和营销领域均广受赞誉。

德国电信不仅为全体领导提供设计思维培训，更将其运用于人力资源和信息技术领域。公司数字化转型的领军人物雷扎·穆萨维安（Reza Moussavian）携手团队，为员工群体构建了 14 个细致入微的角色模板，以指导公司在人力资源、信息技术和员工计划等各方面的设计。

穆萨维安坦言："设计思维为公司带来革命性变革。我们将之应用于招聘、管理、领导力培养、薪酬及项目开发等各个环节。设计思维也始终贯穿于设计、测试和迭代改进员工方案的过程中。"

时至今日，德国电信在行业内依然乘风破浪、一往无前，其 Glassdoor 评级远超澳洲电信、美国电话电报公司和威瑞森（Verizon）。实际上，德国电信不仅在通信业领域享有盛誉，

还荣登德国十大雇主之列。

对员工体验（EX）的全新关注

在新冠疫情带来的诸多变革之中，最引人注目的莫过于对"员工体验"的全新关注。"员工体验"，简言之，指企业不能仅局限于设计工作岗位与工作任务，而应深入挖掘员工在职场中的全方位体验。

曾经，企业只通过年度参与度调查（以及之后的脉动调查），了解员工的满意程度。然而时至今日，员工体验研究已成为一门设计的学问：探究员工需求，洞察其工作理念及岗位需求，进而设计出能助员工茁壮成长的制度、工作环境及激励机制。

2021 年，我们针对 80 余种不同的管理实践开展了一项大规模的员工体验研究。成果发人深省：在众多能让员工更卓越的实践中，信任、生产力、包容性及归属感至关重要，而提供福利与优待所产生的实际影响则相对有限。

其实，那些势不可当的公司早已洞悉这一点，并建立了以员工为核心的系统和一线工作者平台（frontline worker platform），以及各种搜集意见与反馈的沟通机制，确保员工得到充分支持。因为唯有如此，才能实现真正意义上的成功，而非仅仅关注员工的工作产出。

以员工为中心的工具拯救了局面

任何一部关注工作议题的著作，倘若未深入剖析"科技"

这一要素，便无法圆满地阐述其观点。新冠疫情的肆虐促使人们纷纷采用远程办公模式，而在此之前，科技对职场影响之深已经显而易见。不过，此次危机真正地展示了科技将如何引领未来的工作模式变革，夯实了其作为颠覆力量的地位。

我曾在 2020 年 8 月的一期播客中谈到过现代科技在当今社会中的非凡表现，这些现代科技包括基于 Zoom 和 Microsoft Teams 的在线会议、Slack 频道、虚拟现实以及在线培训项目等。多年以来，许多企业虽一直往数字化方向推进，但始终未能实现真正的转型。直至这场疫情，许多企业几乎在一夜之间便跨越了数字化转型的鸿沟。

疫情期间，我们将移动技术与云计算会计软件相结合，使财务总监和全体会计人员得以足不出户就能开展账目核算和利润预估工作。工作管理工具，不仅帮助企业实现了远程协作办公，如有需要，只需开发商对这些工具进行重新设计，就可用以更进一步地关注员工健康、幸福感等福祉。

诚然，早在疫情暴发之前，领导者便已深受诸多问题的困扰：未来工作将何去何从？科技会如何塑造工作？我们应该如何适应未来的工作？企业又该如何应对？我们又如何运用科技赢得优势？实际上，大多数问题的答案已经呈现在我们面前。正是科技的强大驱动力，让企业和个人能够应对新的工作需求，高效应对各种挑战。

一位德勤的合伙人曾说："生活如何，工作亦如何。"事实上，工作与生活之间的界限已几近消融。倘若贵公司还未充分考虑如何将科技融入工作和生活之中，必将落后于竞争对手。

欧特克（Autodesk）是一家在 3D 工程设计和制造软件开发领域炙手可热的公司。该公司旗下拥有数以千计的工程师和软件开发人员，并且作为旧金山湾区顶尖的雇主而蜚声。

过去七年间，欧特克为诸多工程团队、项目、兴趣小组和娱乐活动打造了数十个 Slack 频道。这一举措虽有益处，但也不是没有弊端。数目众多的频道虽然让团队欢欣鼓舞，但也导致团队间无法分享其共同的做法和文化理念。原本简便的工具反而变得复杂难用。

欧特克的人力资源部门决定将众多 Slack 频道合而为一，由此，也令欧特克的工作方式发生了根本性的改变。欧特克的前开源和促进主任盖伊·马丁（Guy Martin）告诉我："我们将团队绑在了一起。"如今，公司逾 5000 名成员得以随时随地与任何人展开协作。于是，员工可以自由地安排工作方式和时间，平衡工作与生活，提高生产力和效率。如果需要帮助，员工可以在公司的远程工作资源中心寻求协助。如今，欧特克又将目光投向工作场所，旨在借助设计和技术的创新应用，打造有利于增强员工凝聚力和信任感的工作环境和工作氛围。

正如每一次转折一样，这股推向混合式办公空间和弹性办公模式的潮流才刚刚崭露头角，尚未完备。诚然，我们深知远程工作会带来诸多弊端，如视频会议疲劳、工作过度劳累，压力和焦虑感倍增等。然而，我们也目睹了其正面影响，如远程工作可以实现与传统工作一样高效的生产力，甚至更高。与此同时，人工智能技术、声音与面部识别、虚拟和增强现实、聊天与会话系统，以及数据与文本读取和分析技术，皆以光速迭代进化。

那么，随着科技的兴起，原有的工作会惨遭淘汰吗？此问题颇为复杂，不能简单地以"是"或"否"来回答。只能说，机器将承担愈发枯燥乏味的工作，而人类将转向从事更具人性化的工作。要知道，并非所有的工作都能实现自动化，或用机器人替代。经过数百万年的演化，人类已具备控制眼睛和手的特殊能力和智慧，此乃科学家和工程师目前仍无法复制和超越的技艺。如今，大量新兴职位（如机器人训练员、操作员、策展人、开发者、设计师等）的招聘广告四处可见，其中许多职位对人际技能的要求颇高。随着时间的推移，传统工作会渐行渐远。可以肯定的是，未来工作方式将更具人性化，需要更多技能，如情感共鸣、设计、精细运动技能（fine motor skill）、解释能力、沟通技巧、说服力和管理能力等。

举例而言，世界顶尖的妙佑医疗，正通过科技提升团队协作、信息共享及患者护理。凭借一款名为 AskMayoExpert 的应用程序，医生们得以从网络上的其他专家那里获得关于诊断、治疗、病因和预防的信息。同时，已注册的用户可提问并回答问题，所有信息均按主题、地点、护理过程与关键进行事实标注。如今，这一高互动性的系统广受推崇，其中的医生用户更是每日可获得 10 余次的专家访问权限。

目前面临的问题是，人们究竟能在多少时间内，设计、发明或发现新工作，以顺应让机器自动完成更多工作的趋势。以下三个方面值得深思。

首先，未来很可能会比悲观主义者预测的要美好。一家顾问公司对众多企业进行了人工智能和机器人技术的研究，结果显示，尽管科技让从事常规工作的人忧心忡忡，但实际上它正让工作变得更具意义。昔日，银行出纳的工作是将支票装入信封，而如今，其工作已大为改观，不少人开始从事销售、服务和客户关系方面的工作。不能不说，这些与人打交道的任务赋予了工作更多色彩和意义。

经过对自动化发展以来200多年历史发展的调查研究，我们发现其中存在一个清晰的发展模式。在最初接触这些工具时，由于不知道会给生活带来什么样的改变，人们常有怀疑和担心之忧。然后，当它们展现出自身实力，并形成起一定的使用系统和规模之后，人们便以此为核心构建新的人力资本活动。正如元宇宙和推特的创始人无法预见其社交网络运行到底需要多少人一样，我们也难以预测管理新型机器需要多少无人机操作员或人工智能操作员。

其次，我们要运用设计思维，将自动化视为改善和扩大客户体验的方式，而不是降低劳动力成本的手段。虽然多年以来，零售商一直在尝试使用智能售货机，但与此同时，不少旨在节省劳动力成本的举措往往以失败告终。殊不知，当科技发展到充分满足消费者的需求时，智能售货机才有望成功出售商品（如温蒂汉堡旗下1000家分店均设有智能售货机）。然而，这并不意味着员工数量减少，他们可以腾出时间去制作食品、服务顾客。只是，员工不必再站在柜台那儿，一笔一笔地记录顾客所需而已。

在疫情肆虐之际，标普全球积极拥抱设计思维与自动化

科技，为旗下 22 500 名员工量身打造了一套软件。其中，有
一款软件融入了数据分析功能，帮助员工在家中分析数据、撰
写报告并与同事协同工作。对于的确需要到办公室工作的人
员，公司会安排消毒过的专车进行接送，从而降低员工的感染
风险。此外，公司还针对潜在的安全、健康和生产力问题做足
了功课，甚至在全球 59 个办事处配备了楼层监督员，以确保
贯彻社交隔离政策。

对于企业和人力资源领导者而言，其职责在于积极参与
未来工作岗位的规划和设计，以确保企业在未来竞争中占据领
先地位。我们的研究显示，绝大多数公司正投资或实施新的人
工智能技术，然而真正与人力资源部门携手，共同重塑工作的
企业却屈指可数。正因如此，本书的每一个章节皆探讨如何通
过重新设计工作更好地提升员工的工作效率。

我的最后一个观点可就不那么乐观了：切勿过分相信新
兴科技工具对贵公司、员工或客户皆有益这套说辞。要知道，
许多技术产品的发展和推广都受到广告收入的推动，而非对用
户体验与需求的关注。因此，务必留意这些产品是否将员工
体验置于核心地位。若忽略这一点，贵公司及员工恐将陷入
困境。

 ## 问题：技术，是敌是友？

诚然，随着技术日趋尖端，速度飞快，智能程度不断攀
升，其侵略性也在逐渐加剧。菲特比特（Fitbit）、苹果与其他

制造商率先倡导使用可收集员工信息的穿戴科技，提升工作体验和营造理想的办公环境。如今，众多公司积极跟进效仿。有些公司不仅利用商用可穿戴设备提供的数据，还将这种技术应用于自身的工作场所实践中。

数年前，一家大型咨询公司为其加拿大员工配备了智能徽章，借此洞悉员工工作方式的众多奥秘。研究成果确实令人深思：阳光明媚的办公室可以提升工作效率；互相理解的跨部门团队可以事半功倍（这正是协作力量的体现，如此前所论述）；开放式办公环境有助于催生更具创新性的项目；员工若自周日晚间开启工作，一直忙碌至周五，极易疲惫不堪。

毫无疑问，科技创新可以改善我们的生活与工作，但我们必须清醒地认识到，技术及其提供商并非总是心怀善意。务必牢记，除了让我们的生活更加美好，销售产品也是其重要使命。

在移动设备与我们紧密相连的潮流中，社交网络如影随形。若着迷上瘾、深陷其中，便难以自拔。试问，有谁未曾经历过这样的场景：在会议中，与会者对手机的关注远超过了对发言同事的关注？毋庸置疑，这些工具的普及带来了负面效应，使我们渐渐忽视了周遭的人，愈发沉溺于个人的世界之中。然而，这恰恰有悖于一支卓越团队所需的品质。

曾任谷歌用户界面设计师的特里斯坦·哈里斯（Tristan Harris）撰文指出：科技公司会利用心理技巧，使用户对其工具产生难以割舍的依赖，从而达到商业目的。据哈里斯所言，从布局、节奏到菜单设计，再到社交反馈，每一项功能皆是为了让用户与设备形影不离而精心打造。他将其称为"攫取我们心理弱点"（hijacking our psychological weaknesses）。换言之，这些技术并未让人们的注意力集中在工作上，相反，它们争夺我们的注意力，让我们的注意力日益分散，工作效率越来越低。

尽管技术变革始终在继续，但变革速度却愈发加快。未来 3~5 年，技术替代的浪潮尤为瞩目，特别是对职场而言。

以电子邮件为例，可以一窥当下技术与商业面临的诸多挑战。起初，它被设计成类似邮政信函的电子形式，即送即达，在商业领域里受到热烈追捧。然而，随着电子邮件数量的急剧增长，其功能早已超越了最初的设想。今时今日，电子邮件已成为实时的通信利器，而这种频繁的交流方式也带来了新的问题和挑战。伴随电子邮件不断地涌入我们的收件箱，我们为此花费的时间也日益增长。2019 年 9 月 Adobe 发布的一项研究显示，员工每日耗费约 5 小时 52 分钟来查阅工作与私人电子邮件。然而，时间的消耗只是此现象的冰山一角。更令人担忧的是，研究揭示，每当收到新邮件时，我们的心率、血压皆会攀升，且注意力也会被不可避免地分散至其他琐事上。

如今，员工花费在发信息和电子邮件上的时间不相上下，有时发信息甚至占用更多的时间。疫情蔓延之际，短消息云平台 Zipwhip 的《2021 短信状态报告》发现，鉴于电子邮件渠道的拥堵，短消息渐成新宠。因此，势不可当的企业务必巧妙驾驭技术，助力员工多快好省地完成工作，不要让技术沦为干扰之源，令员工筋疲力尽，心猿意马。

⛰ 创新：一批新型工具即将出现

商界领袖在选择技术方案时，往往面临众多复杂的抉择。然而，睿智的领导者应善于融合多种技术，实现协同作战。如今，人力资源管理者需要采用新的方式，与信息、数据、数字化与信息安全等诸多领域的高层紧密合作。这些管理者堪称组织的舵手。因为经其挑选使用的工具，不仅要助力员工实现生活和工作的完美融合，还要让员工在工作中获得更大的成就感、满足感和幸福感。

我时常与高管们探讨工具使用的问题（我每周与数十家供应商洽谈）。这些新工具看似光鲜亮丽，但使用它们之前要明确几个关键问题：人们是否能轻松上手？它们是否有助于平衡和协调工作与生活的关系？它们能否与其他工具和安全系统完美融合？它们能否依据需求实现扩展与定制？

切记，技术应该带给我们自然流畅、无拘无束的感觉。根据 Sierra-Cedar 公司 2020 年全球技术调查的数据，公司必须将人力资源系统从"行政支持工具"转型为"精确调控、致力于参与和优化人力资源"的战略利器。调查进一步指出，人力资源管理应用程序现在是"组织管理员工生产力和企业文化的中心"。

诸如 Microsoft Teams、Slack 与谷歌工作空间等技术解决方案皆在努力解决生产力、易用性与提升员工体验等难题。那么，它们能否真正实现生活与工作的无缝融合？虽然这一问题尚未有定论，但我坚信，这些供应商必定会倾听客户的反馈，毕竟当今的市场竞争是如此激烈。

时至今日，人力资源管理工具与工作管理工具的市场正在经历翻天覆地的变革。一方面，诸多现存的人力资本管理系统（HCM 系统）均以工作等级模式为基础；另一方面，市场形势时时都在变化。供应商近期相继推出了全新工作绩效管理解决方案，如 Ultimate Kronos Group 的生活 – 工作技术，都说明生活与工作密不可分的道理。据悉，这类技术注重关心员工的情感需求和个人偏好，让员工在生活和工作中皆能悦享成长。

另一项别出心裁的工具集名为团队空间（Team Space），如今已被思科所采用，其设计初衷在于协助团队设定目标、招募新成员、管理队伍、相互协作、提供反馈和评估，以帮助人们洞悉自身潜能。众所周知，用于团队绩效管理、反馈、学习和参与的工具市场前景光明。有鉴于此，我深信众多人力资源技术供应商将不断推陈出新，为客户提供更加优秀的解决方案。

近期亮相的另一款颇具革命性的产品是微软旗下的 Viva。它是一款植根于微软 365 的数字平台，专为员工体验平台而设计（免责声明：我曾给微软提过产品开发方面的建议）。Viva 开箱即用，可连接诸如 Glint、领英大学，以及来自 Headspace、技软等几十款应用内容的多种应用程序。除此之外，Viva 还是一款功能强大的集成平台，可以帮助信息技术和人力资源部门打造规范化的员工体验。

在与诸多公司的互动交流中，我发现他们皆在积极地借助科技之力，让员工的工作与生活和谐统一。例如，德国电信的数字体验主管已经开发出 24 种工作角色，详细描述了不同部门在工作需求、信息需求、流动性和活动方面的特点。如今，该公司正利用这些角色来选择新工具、设计新系统，甚至为员工制订相关的培训和绩效支持计划。

在势不可当的企业中，人力资源部门需要承担积极研究、规划和设计适宜的技术解决方案，以满足组织的使命和利益相关者的战略需求。只要我们勤勉尽责，与信息技术部门紧密合作，并将员工体验视为生产力的重要组成部分，必将大展宏图。

每当我们拿起手机，打开最喜欢的应用程序（无论是社交地图、优步、多尔达什还是推特），都能感受到，这背后必有一支致力于创新的设计团队，不断追求着更出色的用户体验。作为企业领导者和人力资源管理者，我们都不应将技术简单地视作节省人力的工具，而应该将其视为一种能够提升绩效和员工福利的解决方案。毕竟，我们追求的是更高层次的人文关怀和价值创造。

不要忘记数据的作用

作为一名工程师，我一直对"数据"这一议题饶有兴趣。在此，我愿意分享一些自己的见解，以期对读者有所启发，同时也为本章画上圆满的句点。在我构思此书之际，报纸头条充斥着性别薪酬不平等、职场骚扰、劣迹斑斑的工作表现、系统性种族主义及领导层失职等问题，而这些问题多数通过社交媒体曝光。有鉴于此，势不可当的企业必须充分利用数据的力量，尽一切可能发现、解决并根除这些问题。

现如今，员工数据管理比以往任何时候都显得重要，处理起来也更加不易。正如我在多年前的博客文章中所提到的，昔日不起眼的人力资源部门数据分析如今已经崛起，并跃升为对公司每项管理决策均产生重大影响的高度战略性项目。借助数据分析获得的招聘、晋升和薪酬模式，现代企业可以更好地监控生产效率、职位分布、偏见和歧视等情况。企业还通过组织网络分析（ONA），了解员工之间的交流情况，从而探究生产力、欺诈和滥用等问题的根本原因。智能系统也可以解读工作规定和内部文件，提供有关情感、偏见和压力等方面的信息，让我们清楚地了解公司各团队的动态。

倘若你是一名人力资源主管或商界领袖，我建议你一定要重视人员分析工作。如果贵公司尚未设立专门负责管理、监督和分析数据的团队，那么是时候尽快组建这样一个团队了。伴随整合和管理数据的先进工具日益便捷，我坚信，在不久的将来，那些势不可当的企业会更加先进和智能，它们会敏锐地判断团队是否过于庞大、管理者是否适合担任该岗位、员工是否渐失斗志，以及职业生涯和技能何时开始落伍。时至今日，我们已经具备实现这一目标的智慧和技术——只需善加利用自己的数据，充分发掘其潜力即可。

 踏实前行

请与贵公司的领导和团队交流以下问题：

1. 公司的技术基础设施运行如何？是可以提高工作效率，

还是阻碍发展？如果相关技术不利于员工工作效率，建议向首席财务官提出项目，探索更好的人力资源和工作管理工具，以提高员工参与度和工作效率，让数据日趋完善。

2. 公司现有的核心人力资源系统是否陈旧？如已超过5年，这些系统很可能不好用了，或者用起来很费钱，或兼容性较差。此外，这些系统是否仍能更新维护？很多 Fortune 1000 企业已用新兴云平台替换过时的系统，贵公司也可能需要做出类似的决策。

3. 与信息技术部门的合作如何？信息技术部门是否致力于开发面向员工的系统？大部分公司都有技术帮助部门或基于计算机的技术支持服务，但我建议对其进行转化，使之具备重新设计工作场所的能力。当然，这需要你的协助。因为你需要与信息技术部门高层会面，确保这一项目被列入数字转型的项目清单，并获得资金支持。

4. 公司是否掌握了足够多的员工相关数据？最新研究表明，大多数公司正在积极整合和清理员工信息。贵公司是否也在这些公司之列？对于这个项目，我们是否已经获得足够的资金支持，以确保能建立一个可扩展的基础设施？虽然这项投资回报巨大，但通常需要几年的时间才能实现。

5. 公司是否将产品管理的理念应用于员工数据上呢？实际上，员工提供的任何数据都应该被整合进一个员工

体验路线图中。像阿斯利康和施耐德电气这样的公司
已经建立了员工体验产品团队，他们会查看所有员工
的工作经验，并利用调查数据优化这些经验。毫无疑
问，将人力资源专业人员视为产品经理的思维方式是
人力资源未来发展的一个方向。

行稳致远

应对公司面临的严峻挑战，应该多管并行。首先，我们
需要派遣一支团队进行技术研究和试验；同时，这支团队应与
信息技术部门齐心协力，确保技术安全、符合标准且便于集
成等。

其次，我们需要广泛搜罗市面上可用的工具，还要锐意
进取，自主打造多种最优解决方案，不可单纯购买已有产品。

最后，我们要以全局视角审视公司的员工体验。例如，
效仿德国电信以及其他公司的做法，将员工划分为不同的群
体，深入研究每一类群体的工作模式，然后根据不同群体的需
求量身定制相应的解决方案。

作为一名领导者，我们需要不断提醒自己：技术固然重
要，但是信任更关键。要时不时地问问自己，员工是否个个心
怀使命和梦想？自己和同僚们是否善于倾听员工心声，并迅速
做出响应，尽快解决员工的问题？唯有如此，我们才能够真正
将权利赋予员工，缩短信号与行动之间的距离，并让员工知晓
公司一直都关心其成长和福祉。

那些敢为人先、势不可当的公司，比如 IBM，凭借内部创新、黑客马拉松和实验性开发，开发出了新颖的绩效管理工具、职业探索工具及在线管理教练。疫情期间不得已而采用的一些政策，如远程工作、居家办公等，也开始进入试行阶段。

毋庸置疑，员工会协助你完成测试。最后，我想以百事可乐 2019 年推出的"流程粉碎机"（Process Shredder）为例，揭晓测试之后的答案。疫情初期，百事可乐为了解员工的工作诉求，积极开展意见征询，即公司是否存在不利于提升工作体验的流程？修改或去除哪些流程有助于改善工作体验？成千上万的员工表达意见，最终还进行了一场投票，选出了最受员工诟病的一项。

你知道哪一方面最不得人心吗？正是员工绩效管理系统。这个系统如迷宫般错综复杂，官僚作风严重，不仅拖沓低效，很多做法还让人感觉不够公允。于是，百事的管理团队雷厉风行，短短数月就完成了下一周期的流程简化。紧接着，其他提升福祉和管理支持的计划如雨后春笋般涌现。这些以员工体验为主、以产出为辅的举措，极大地提升了公司的凝聚力。

结　语

"劳动力先于资本出现，且独立于资本之外，资本不过是劳动的结果而已。没有劳动力便没有资本。劳动力居于资本之上位，更应受到高度重视。"

——亚伯拉罕·林肯，美国总统，1861 年

　　本书是我毕生心血的结晶，是由企业、组织及人类的热情凝聚而成。本书历经五载，方才呈现于世，只因新冠疫情的暴发不得不提前发行。尽管如此，本书的结论非常简单。

　　势不可当的企业深知，唯有激发人类潜能，方能使企业踏实前行、行稳致远。它们明白，企业不应强制劳动力去做管理者想做的事情；相反，企业应充分赋权于劳动力并以此推动企业发展壮大。我敢保证，一个势不可当的公司，必能吸引到顶尖的人才、一流的客户和优质的合作伙伴。毫无疑问，它也将成为一家令人敬仰的公司，一家适应环境、不断发展、持续壮大的公司。

　　正所谓"看着容易，做着难"。本书所列举的七大创新虽简单易懂，但内涵深刻，比想象中更难操作。因为它们代表一套颠覆性的人力资源管理理念，这些理念皆源于一个基本事

实："人"（或称"劳动力"，依林肯 1861 年的论述而言）是企业最不可或缺的核心因素。

在当今经济形势下，创新、服务和品牌日益重要。如何激励、赋权并支持我们的员工值得企业管理者朝思夕想。

从层级制度到团队虽是管理改革迈出的一小步，对于企业发展而言却是一大步。这一蜕变必定会让员工思想得以解放，使之干劲冲天，更具归属感和使命感。从职业到工作的转化，会助力使员工破茧成蝶、重塑自我、才气超然；从老板到教练的嬗变，将启迪管理层和员工悦享成长、阔步向前；从规则到文化的转型，会让人心凝聚、同心同德、广揽英才；从升职到成长的变革，有助于孕育合作、升华技艺；从利润到目标的转化，会让员工乘风破浪、朝气蓬勃、敢作敢当；从产出到员工体验的升华，将引领员工携手并肩、同舟共济、共创辉煌。

尽管这些观念并非首创，我仍将之称为"创新"。现如今，企业必须全盘接纳这些理念，因其已不仅仅是计划或考虑的方式，而是企业成功的制胜法宝。这些理念不仅为我们提供了坚实的后盾，还帮助我们倍道而进，打造一家蒸蒸日上、长盛不衰的企业。

我将继续自己的研究之旅，探寻如何让管理与业务更好地适应周围的世界。在此过程中，我真诚欢迎广大读者告诉我你的想法、给我反馈、与我分享你的故事，让我们的组织在通往势不可当的征途上，乘风破浪、勇往直前。

这不是终点，而是一场永无止境的探索之旅。

一份关于疫情的最后说明

在撰写本书之际，全球正齐心抗击新冠疫情。疫苗接种覆盖率持续上涨，企业却面临着空前的招聘困境。2021 年，美国劳动力队伍中近 35% 的人告别了原有岗位，各个公司皆在招聘战线上苦战。

疫情初期，大部分公司都预料到了裁员、倒闭的厄运。零售商、航空公司、酒店业以及诸多制造企业纷纷缩减人手。诸如美国航空、塞恩斯伯里、美高梅和威瑞森等都在公司大规模推行停薪待岗。然而，奇迹般地，经济顽强反弹，以崭新方式创造利润。

这正是本书始终力证的势不可当的精髓：人类精神拥有无尽的能量与适应力，只要得到适当的支持，定能适应变革，走向成功。

当你深信团队的能量，赋予员工创新的权利，并提供安全、公平的薪酬、信任及成长支持时，公司必将长盛不衰。新冠疫情的重要教训贯穿本书始终：一旦员工成为推动企业发展的引擎，你，无论是管理者、领导者，抑或是人力资源的专业人士，都将在未来的道路上披荆斩棘、履险如夷。

这便是势不可当的真谛。

附录1：关于组织持久力

请允许我先阐述一下"势不可当"的含义，以及这一术语的由来。

我致力于人力资源和人才管理领域的研究已愈数十载，渐渐地，我认识到，不能仅仅依赖员工敬业度这一指标衡量企业发展。究其原因，在大多数公司的成长期，员工斗志昂扬、锐意进取；然而，当公司放缓发展步伐时，员工的敬业度便断崖式下滑，士气大减。

有鉴于此，我们真正想评估的实际上是"组织持久力"（organizational endurance），即企业当下与未来长远的势不可当之能力。这就需要关注企业使命、目标和价值，打造一支游刃有余、自我进化、适应变革的管理团队。

多年以来，我会见过众多首席执行官和首席人力资源官，也与许多从事员工参与度相关业务的人士进行深入探讨，最终得出一个结论：四个关键要素在企业发展中至关重要。

使命

试问，贵公司是否树立了坚定的使命和愿景，从而成为欣欣向荣、长盛不衰之所？以强生公司为例，其信条就是关爱那些信任其产品的医生、护士、病患与母亲。这一信条于1943年确立，并镌刻于其新泽西总部的墙壁上。它不仅涵盖了强生对顾客的担当，还明确了对员工、社区和股东的承诺。

宜家的使命是通过设计精良、价格实惠的家居产品，为广大顾客"缔造更美好的日常生活"，且众人皆可负担。同时，宜家也严守环保、可持续发展及对所在社区的责任。

巴塔哥尼亚经常自诩是"一家借公司为掩护的事业单位"。实际上，其首席执行官兼创始人伊冯·乔伊纳德（Yvon Chouinard）一直坚信，拯救地球是自己的工作使命。巴塔哥尼亚起初专门制作登山用具，而今依然对自然保持敬意，致力于环境保护，研发以最低环境损害为准绳的产品。值得一提的是，这些产品质量上乘，可经受数十载风雨的侵袭。

我曾在一些丧失使命感的公司任过职，自然知道它们是如何跌下势不可当的神坛的。有的组织摇摇晃晃险些跌落，之后又重拾平衡。譬如微软，曾花费数年时间推广软件，却在追逐互联网、移动及其他趋势时迷失方向。如今，微软已回归初心，将使命锚定于通过其产品赋能人和组织。

关于使命的重要性，我还可以举更多的例子。用一句话总结：使命是一束璀璨的光芒，照亮前路，引领前行。

生产率

经过多年探讨，我洞悉了一个颇为有趣的现象：那些员工敬业度最高的公司，其发展速度也最为迅猛。值得一提的是，这些公司目标清晰，深谙市场形势，行事有条不紊。

随着研究的逐步深入，我终于发现其中的奥秘。

原来，这些公司不仅让员工乐于工作，更着力于帮助其提高工作效率。同时，这些公司会围绕工作落实情况，精心策划组织架构、制定激励措施，寻求管理策略。

这些位列 Glassdoor 数据库前 10% 的公司，往往拥有卓越的财务业绩。通过对数据进行剖析，我发现，公司越优秀，就越有可能被评为快速增长的企业，在概率上甚至是其他公司的两倍之多。这些公司也坦言，他们自我感觉业务增长势头强劲。可惜的是，这样的公司在整个样本中占比不到一半。

尽管英文中生产率（productivity）这个词听起来略显冰冷、功利，但它其实是一个重要话题。哈佛商学院教授特蕾莎·阿马比尔曾对数千名员工的工作日志进行研究。在其名为《激发内驱力：以小小成功点燃工作激情与创造力》（*The Progress Principle*：*Using Smail wins to Ignite Joy, Engagement and Creativity at Work*）[①] 一书中，特蕾莎指出，员工感觉最欣慰的事情莫过于"圆满完成某项任务"。实际上，当人们深信自己的工作有益于自己和他人时，必定会全力以赴，从而获得莫大的满足感。

数年前，我在领英上开展的一项研究发现，激励人们奋发向前的唯一因素正是"工作本身"。的确，当人们对自己的工作投入热情，体验到自己的事业蒸蒸日上时，心中就会感慨万千，幸福感油然而生。

然而，纵观过去的十年，企业观念并未发生大的变化，

---

① 电子工业出版社，2016。

生产率仍是人们关注的热点。之所以撰写这本书，原因也在于此。

当前，企业面临一个生产率的问题。所谓生产率，通常是指单位时间内的产出（或劳动获得的报酬）。简言之，就是要使用尽可能少的资源（如时间和劳动力），产出尽可能多的产品或服务。随着人类跃入数字经济时代，全球生产率增速趋缓。这是一个严峻的经济难题，与疫情有关，但并非仅仅是疫情所致。要知道，生产率是推动收入增长、岗位增加、企业可持续发展的重要引擎。时至今日，自动化已在工作中获得广泛应用，但企业仍在苦苦探寻适应这一变化的良策。

一些经济学家将人口老龄化视为经济问题的罪魁祸首，另一些人则归咎于年轻一代。许多人认为，基础设施投资不足（过去十年间，每日通勤时间增加了近一小时）。有些人甚至认为，测量系统存在误差。

经验告诉我，根本不是这么一回事：当前工作已步入数字化盛世，我们应顺应潮流，重新审视企业运营之道。生产率下滑就是企业难以适应环境的客观表现。因为新技术、新工具层见叠出，我们却仍然按照传统模式开展工作。本书中介绍的七种实践方法，就是提升生产率、摆脱困境的钥匙。

要知道，低迷的生产率与员工敬业度都不是难题，这些只是企业发生深层变革之征兆。当前，我们创造价值的方式已然改变。创新、发明与服务已经取代规模与效率，成为企业价值提升的新宠。与此相适应，管理者也需要换一种方式，引领企业翱翔。

我在世界各地旅行时发现，高绩效企业在组织、管理与架构方面独树一帜。若能拥抱这些变革，再循着本书所细述的七大创新之道，我们将见证生产率（以及员工参与度与幸福感）涅槃重生，鹏程万里。

敬业度

人力资源管理者往往运用"敬业度"一词，评判企业的运作状态。众多资料显示，大约 1/3 的员工能够全身心地投入工作。作为最早开展员工参与度调查的民意测验公司，盖洛普近期公布的一项调查结果显示，2021 年，企业员工敬业度达 39%，相较于 2020 年年底的 36%，有所上升。

尽管就员工敬业度而言，有些企业的成绩更亮眼，有些仍不甚理想，但总体而言，我们正沿着正确的方向前进。经过多年研究，我逐渐洞悉了一个道理：那些势不可当的企业，通常在敬业度调查中名列前茅。其共同特点在于，这些企业都有一支高素质、锐意进取的管理团队。他们明白员工是企业的宝贵财富，重视员工成长与福祉，并不断投资，甚至不惜改革组织架构，以赋予员工更多的权力。

诚然，敬业度产业本身就是一个规模达数十亿美元的市场，涵盖顾问、工具、书籍、研讨会和活动等多种形式。实际上，"组织文化"和"员工敬业度"已经成为备受追捧的热门话题。君不见，数十家全国性公司都在积极角逐"最佳工作场所"的桂冠。

员工积极参与公司活动固然不错。然而，正如我所发现

的，仅仅依赖调查并不足以解决问题。我们要从根本上关注管理层与员工，真切地理解每个人的价值和重要性，并制订以敬业度为核心目标的企业计划。

不久前，我有幸拜访了基因泰克（Genen Tech）的高管，该公司被誉为最让人投入工作且最具吸引力的工作场所之一。公司首席执行官坚信人才为王，他告诉科学家和员工："使命至上，利润次之。"如果你所做之事无助于社会的健康发展，那便是道路偏离。时至今日，基因泰克正致力于化繁为简、提升生产力并改善员工体验。这正是那些势不可当的企业所追求的目标。

势不可当的企业，其发展速度超越同行。这些企业具备一种独特的能力：始终将员工置于首位，因此，无论顺境还是逆境，企业均能持续发展壮大。在探索完本书所述的七大创新之法后，你会深刻认识到这种"以员工为本"的理念是多么清晰明确、切实可行。

幸福

幸福是人类不可或缺的情感，能激发我们的工作热情，促使我们为企业做出贡献，更能引领我们跃马扬鞭、探索创新。然而，全球幸福指数却在急剧下跌。

在经合组织的资助下，《世界幸福报告》（*World Happiness Report*）环视百国展开深度调查与评估。尽管 2020 年因疫情原因调查覆盖国家略有减少，但结果依旧大同小异：芬兰、丹麦、瑞士、冰岛、荷兰、挪威、瑞典、卢森堡、新西兰与奥地利位居前列。而昔日幸福度全球第 13 的美国，在 2020 年则从第 18 名跌至第 19 名。

幸福指数走低的原因何在？身为企业领导者，又该如何挽救这一颓势？此问题涉及三大核心：信任度、公平性及社会凝聚力。

第一，信任度肯定是下降了。在"爱德曼信任度指数"调查中，大部分受访者明确表示，希望企业公开反对系统性种族主义，致力生产环保产品，助力全球减少温室气体排放。更有趣的是，70% 的受访者认为，相比过去，企业能否取信于顾客，让其相信该品牌会采取上述行动，在当前显得更为紧要。因此，作为商人，我们应确保公司领导与管理层都能倾耳聆听社会的需求。

第二，幸福问题与公平正义密切相连。如今，收入不均已成为一大危机。人们常用基尼系数描述一个国家的财富分配情况。该数值越接近 1.0，就意味着社会财富掌握在越少的人手中，该数值越接近 0，则表明每个人掌握的社会财富趋同。如今基尼系数的数值不断飙升，显示社会财富分配不公现象越来越普遍。2021 年基尼系数显示，贫富鸿沟又创历史新高。

尽管就业市场蓬勃发展，股市屡创新高，城市街头的流浪者却越来越多。2020 年年末，美国贫困率升至 20 世纪 60 年代以来的最高点；1/7 美国家庭收入低于贫困线，其中 4.4% 的家庭被"城市研究所"（Urban Institute）界定为深度贫困家庭。

许多针对发达国家千禧一代的调查揭示，他们认为自己

的生活水平和幸福感均逊于父辈。房价飙升，工资却不见增长，不少人为了获得更多报酬，开始打零工。他们认为这个世界日益不公。然而，我们可以通过管理实践来扭转乾坤。这正是多元化、包容性、工资公平及透明度日益重要的原因。

第三大难题是社会凝聚力。罗伯特·帕特南（Robert D. Putnam）在其脍炙人口之作《独自打保龄：美国社区的衰落与复兴》（*Bowling Alone*）[①]中揭示，时至今日，我们居住的房子变得愈发宽敞，而与邻里之间的联系则逐渐疏远。我们花费无尽时间沉溺于手机屏幕之中，致使社交圈子逐渐萎缩，人与人之间的亲密联系更是微乎其微。

我无意把这本书当作政治宣言，但我要告诉诸位：身为企业领导者，当务之急便是解决这些问题。倘若我们善于经营企业，就能在公司内部筑起一座信任与团结的灯塔。

[①] 《独自打保龄：美国社区的衰落与复兴》，罗伯特·帕特南著，北京大学出版社，2011年。

附录 2：使用数据发现势不可当的公司

本书的研究成果源于我和团队在乔什·贝新公司和德勤贝新（前贝新联合）开展的数百项研究、访谈与案例研究。在这些研究中，我们剖析了各种管理与人力资源实践，并将其与商业成果紧密联系，从而揭示成功的奥秘。

除了前述的研究，我还深入挖掘了 Glassdoor 数据库中的相关数据。这个数据库包含了数以万计的企业和数百万员工的评价，囊括了公司整体、文化、领导力、薪酬、工作与生活平衡、职业机会与公平性等多个方面的内容。我详细分析了这个数据库，同时，也深入研究了高绩效企业的特质及这些因素之间的联系。

毋庸置疑，这些发现具有启发意义。第一，那些高评分的企业（我眼中"势不可当的公司"）可能存在于任何行业、任何规模、任何历史的企业中。无论是哪个行业、哪个规模、哪个历史，总会有一小部分公司在同行中独占鳌头。这些公司或许名不见经传，却能历久弥新、生机勃勃、茁壮成长。

第二，那些高评分公司（指 Glassdoor 评分高于 4.3 的公司）在企业文化、领导力与职业发展方面也备受好评。事实上，这些因素在预测公司整体评分方面非常重要，其重要性是薪资或福利的 3 倍。因此，通过这些数据，我们可以清楚地看出，成长、赋权与信任对公司业绩具有显著的预测作用。

第三，无论是哪个行业，无论规模大小，公司的评级皆呈正态分布（也称钟形曲线）。换言之，公司的成功与所处的行业或规模并无关联，因为几乎所有行业和规模的评分都呈现出正态分布。例如，人们常以为科技公司或小公司总是高分之选，其实不然。统计数据显示，无论是在行业、公司规模还是其他指标上，评分分布皆近似正态。

除此之外，Glassdoor 的研究还发现，业务前景（成长性）与员工敬业度在多数衡量指标上直接相关。二者之间存在因果关系：敬业度高的企业往往能够吸引高绩效员工，同时也能够留住他们。因为这些企业更善于调动员工的多种潜能，将员工的热情与激情转化为提升客户体验的动力源泉。

总的来说，这项研究揭示了一个深刻问题：管理方式是决定企业势不可当的核心因素。伟大的领导者与管理者能在任何行业、任何规模和任何地点缔造卓越的组织。

在本书的案例中，我力求与所有势不可当的公司深入交流、面谈、倾听，呈现给读者丰富的实例。这些公司深谙"以人为本"的经营之道，并长久坚持，从而日益繁荣昌盛。更重要的是，他们体悟了这七大奥秘，并以多样化的方式付诸实践。